Marburger Schriften
zur Lehrerbildung

Marburger Schriften zur Lehrerbildung

Herausgegeben von
Prof. Dr. Lothar A. Beck und Dr. Ulrich Vogel
im Auftrag des
Zentrums für Lehrerbildung
der Philipps-Universität Marburg

Band 11

Normalität, Toleranz, Vorurteil

Wie wichtig sexuelle Vielfalt im Unterricht wirklich ist

von

Sarah Leufke

Tectum Verlag

Sarah Leufke

Normalität, Toleranz, Vorurteil.
Wie wichtig sexuelle Vielfalt im Unterricht wirklich ist

Marburger Schriften zur Lehrerbildung; Band 11

Umschlagabbildung: © Grafik der Autorin
ISBN: 978-3-8288-3673-0
ISSN: 1868-2839

Besuchen Sie uns im Internet
www.tectum-verlag.de

Bibliografische Informationen der Deutschen Nationalbibliothek
Die Deutsche Nationalbibliothek verzeichnet diese Publikation in der Deutschen Nationalbibliografie; detaillierte bibliografische Angaben sind im Internet über http://dnb.ddb.de abrufbar.

Meinen wundervollen Kindern.

Bleibt so, wie ihr seid. Alle anderen gibt es schon.

Inhaltsverzeichnis

1 Einleitung

Ein berühmtes von Albert Einstein überliefertes Zitat lautet sinngemäß, es sei schwieriger, eine vorgefasste Meinung zu zertrümmern als ein Atom. Dieses Zitat scheint sich insbesondere in Bezug auf Vorurteile zu bestätigen. Obschon die Begriffe „Vorurteil" und „Stereotyp" negativ konnotiert sind und unaufgeklärt und ungebildet anmuten, halten sich gesellschaftliche Klischees und Vorurteile beharrlich und führen zu zahlreichen Konflikten. „Toleranz" hingegen ist seit den Religionskriegen bis heute zu einer hochgeschätzten Tugend avanciert. Ein Blick auf die gesellschaftliche Praxis zeigt jedoch, dass der Toleranzbegriff ambivalent ist und verschiedene Handlungsweisen implizieren kann, welche wiederum ganz unterschiedliche Wirkungen auf das vorherrschende Normalitätsverständnis haben. Normalität stellt dabei ein durch die Gesellschaft definiertes Konzept dar, welches durch seine Grenzen zugleich Devianzen erzeugt. Diskriminierung jeglicher Art basiert zum einen auf Intoleranz diesen Abweichungen gegenüber, zum anderen auf negativen Unterstellungen, die auf Träger devianter Rollen in Form von Vorurteilen oder sozialer Etikettierung angewandt werden.

Der Begriff „Normalität" ist vor diesem Hintergrund und angesichts der Heterogenität der Gesellschaft diffus und relativ. Innerhalb dieses gegebenen, konstitutiven Rahmens definiert eine Gesellschaft selbst die Grenzen der Normalität. Explizite, das heißt prädikative, gesellschaftliche Normen dienen als Orientierung für menschliches Handeln und begründen das Fundament von Normalität. Die gesellschaftliche Praxis zeigt jedoch, dass formale Normen allein nicht ausreichen, um nicht nur der Form nach ein gleichberechtigtes und gerechtes sowie friedliches, gesellschaftliches Zusammenleben zu verwirklichen. In welchem Maße Divergenzen toleriert werden, unterliegt dabei dem vorherrschenden Toleranzverständnis. Wie gesellschaftspolitische Debatten nicht nur in den letzten Monaten gezeigt haben, ist dieses Toleranzverständnis offenbar jedoch stark kontextabhängig und nicht einheitlich. Indessen Toleranz sich manchmal als gezwungenermaßen notwendige Duldung nicht veränderbarer Tatsachen äußert, kann sie in anderen Kontexten als Form gegenseitiger Wertschätzung und Akzeptanz verstanden werden. Während ersteres normativ verankert und durchgesetzt werden kann, ist dieses Toleranzverständnis jedoch noch weit von Wertschätzung, Respekt und Anerkennung entfernt und entspricht nicht dem gesellschaftlichen Ideal von Toleranz als Tugend. Insofern scheint es gewissermaßen eine Doppelmoral zu geben: Einerseits wird Toleranz als Wert angesehen und Vorurteile explizit als Unwert abgelehnt, auf der anderen Seite trägt die Gesellschaft mit ihren Normen, Normalitätsvorstellungen und –darstellungen sowohl strukturell als auch konativ dazu bei, dass Vorurteile bestätigt und reproduziert werden. Um Toleranz darum nicht nur als Norm, sondern als Tugend und somit nachhaltig gesellschaftlich zu verankern, bedarf es demzufolge einer intrinsischen Motivation[1] der Gesellschaftsmitglieder.

Diskriminierung sexueller Minderheiten ist einer Studie der Antidiskriminierungsstelle des Bundes (ADS) zufolge immer noch weit verbreitet und betrifft vor allem die Bereiche Bildung und Arbeitswelt (vgl. ADS 2013, S.30; vgl. hierzu auch Neumann 2008, S.7). Diskriminierungserfahrungen, die Bewältigung von sowie auch schon die Angst vor Diskriminierung können zu einer Beeinträchtigung des Selbstwertgefühls und damit einhergehenden, erheblichen negativen gesundheitlichen Folgen führen (vgl. ebd., S.31; siehe hierzu 5.2.1). Um in diesem Sinne Diskriminierung und Intoleranz nachhaltig zu begegnen, verabschiedete die rot-grüne Landesregierung in Baden-Württemberg eine Bildungsplanreform, der gemäß ab 2015 sexuelle Orientierung sowie sexuelle Vielfalt als Querschnittsthema in unterschiedlichen Fächern sowie in der Lehrer Aus- und Weiterbildung beinhalten soll[2]. Anlass dieser Reform sind diverse Studien[3], welche die offene und versteckte Diskriminierung von Schüler/n_innen[4] belegen, die eine von der Norm abweichende sexuelle Orientierung entwickeln, sich nicht geschlechtsnor-

---

1 Unter „intrinsisch" werden hier Verhaltensweisen verstanden, deren Beibehaltung keiner vom Handlungsgeschehen getrennten, „externen oder intrapsychischen Anstöße, Versprechungen oder Drohungen" bedürfen (vgl. Deci/Ryan 1993, S.225).

2 Siehe hierzu auch das Positionspapier der Fraktion Bündnis 90/ DIE GRÜNEN im Landtag von Baden-Württemberg „Forderungen für die Umsetzung von zentralen Themen der Fraktion Bündnis 90/DIE GRÜNEN in der Bildungsplanreform 2015" vom 17. Mai 2013, S.5; siehe auch „Bildungsplanreform 2015 - Verankerung von Leitprinzipien" des Kultusministeriums Baden-Württemberg vom 18. Nov. 2013.

3 Zum Beispiel die Befunde der Expertise „Diskriminierung im vorschulischen und schulischen Bereich" von Jennessen et al. im Auftrag der ADS (2013), S.36, 48 sowie die Ergebnisse der Befragung zur „Akzeptanz sexueller Vielfalt an Berliner Schulen" (Klocke 2012, S.46f.).

4 Im Folgenden wird ein Unterstrich als „Gender-Gap", einer Form der geschlechtsneutralen Formulierung, verwendet. Dies symbolisiert, dass es sich bei einer Personengruppe nicht nur um zwei Geschlechter handelt und bezieht alle Personen ein, die sich weiblich, männlich, trans- oder intersexuell, transgender oder nicht-ident verorten.

menkonform verhalten oder LSBTTI[5] Eltern haben. Während der neue Bildungsplan der baden-württembergischen Sozialministerin Katrin Altpeter zufolge zu einer diskriminierungs- und angstfreien Gesellschaft beitragen solle, von der alle Bürger_innen profitieren sollen, löste dieses Bildungsplanvorhaben eine bundesweite Debatte um die Toleranz sexueller Vielfalt im Schulsystem aus, welche die Wechselwirkung von Vorurteilen und Diskriminierung sowie unterschiedliche Toleranzverständnisse bzw. –ideale und Grenzen der Toleranz aufzeigt. In einer Online-Petition unter dem Namen „Zukunft - Verantwortung - Lernen: Kein Bildungsplan 2015 unter der Ideologie des Regenbogens“[6] (Gabriel Stängele/openPetition, 2013) begehrten 192.449 Menschen dagegen auf, sexuelle Vielfalt interdisziplinär in der Schule zu thematisieren, da dies „auf eine pädagogische, moralische und ideologische Umerziehung an den allgemeinbildenden Schulen“ und auf eine „propagierende neue Sexualmoral“ abziele (vgl. ZVL). Probleme, die Stängele zufolge durch LSBTTI aufträten (vgl. 5.2.1), würden durch die Bildungsplanreform verharmlost und normalisiert. Diskriminierendes Verhalten werde der Petition zufolge zwar insgesamt abgelehnt, die Ursachen hierfür seien jedoch nicht im schulischen Rahmen zu thematisieren oder gar zu suchen.

Vor dem Hintergrund dieser negativen Resonanz auf eine Bildungsplanreform, welche zum Ziel hat, Vorurteile und Diskriminierung abzubauen, soll zunächst im Rahmen der vorliegenden Arbeit die Trias Normalität, Toleranz und Vorurteil in Bezug auf LSBTTI im Schulsystem erörtert werden. Besonders relevant ist

---

5 LSBTTI meint lesbische, schwule, bisexuelle, transsexuelle, transgender sowie intersexuelle Personen. LSB bezieht sich demzufolge auf sexuelle Identität, TTI auf die geschlechtliche Identität dieser Personen. Unter „transgender“ werden Personen verstanden, die ihre aufgrund des biologischen Geschlechts zugewiesene soziale Geschlechterrolle, nicht aber ihr biologisches Geschlecht ablehnen. Unter transsexuell sind Personen zu verstehen, die biologisch zwar als Mann oder Frau geboren werden, sich diesem Geschlecht aber nicht zugehörig fühlen und sich mit ihrem Körper nicht identifizieren können. Transsexuelle Personen sind demzufolge transgender, während transgender Personen nicht notwendig auch transsexuell sein müssen. Intersexuell sind Personen, die genetisch, anatomisch und/oder hormonell nicht eindeutig dem männlichen oder dem weiblichen Geschlecht zugeordnet werden können und z.T. auch als „Hermaphroditen“, „Zwitter“ oder als „das dritte Geschlecht“ bezeichnet werden. Da sich einige Fragen der vorliegenden Untersuchung nicht auf sämtliche dieser sechs Gruppen beziehen, wird z.T. im Folgenden teilweise nur Homo- und Bisexualität angesprochen.

6 Im Folgenden: ZVL

dabei die Frage, wodurch sich gesellschaftliches Verhalten gegenüber LSBTTI aus soziologischer und psychologischer Sicht erklären lässt und welche Wirkung dies auf gesellschaftliche Normen hat, die in der Schule vermittelt und reproduziert werden. Zahlreiche Umfragen zum Thema LSBTTI, insbesondere aber zum Thema Diskriminierung von Homosexuellen, haben gezeigt, dass Toleranz häufig hoch geschätzt und als Ideal einer aufgeklärten Gesellschaft anerkannt, demgegenüber allerdings häufig nicht praktiziert wird (vgl. Sinus 2008, S.86f.; Timmermanns 2003, S.127, 131; siehe auch 6.1.2).

Die vorliegende Arbeit ist in einen theoretischen und einen schulbezogenen Teil gegliedert. Im ersten Teil werden die Begriffe „Normalität“ (Kapitel 2), „Toleranz“ (Kapitel 3) und „Vorurteil“ (Kapitel 4) philosophisch, soziologisch und psychologisch unter Berücksichtigung der Frage nach den für die gesellschaftliche Praxis wesentlichen Aspekten erörtert. Der zweite Teil beginnt mit einer Erörterung der Bedeutung von Schule für die Sozialisierung und Identitätsbildung (Kapitel 5). Auf dieser Grundlage wird analysiert, inwiefern die in Teil I dargelegten Funktionen und Implikationen der Trias Normalität, Toleranz und Vorurteil sich auf das Wissen, die Einstellungen und das Verhalten von Heranwachsenden und Lehrkräften auswirken (Kapitel 6). Die Arbeit verfolgt dabei das Ziel, das reziproke Verhältnis von Toleranz und Vorurteilen herauszustellen und aufzuzeigen, inwiefern unterschiedliche Toleranzauffassungen instrumentalisiert werden können, um Vorurteile und subjektive, hegemoniale Normalität aufrecht zu erhalten oder aber ihnen entgegenzuwirken. In diesem Zusammenhang soll untersucht werden, welche Variablen das herrschende Toleranzverständnis prägen und inwiefern sie das Wissen, die Einstellungen und das Verhalten von Heranwachsenden und Lehrkräften beeinflussen. Abschließend werden die Ergebnisse beider Teile zusammengefasst und mit Konsequenzen für die schulische Praxis verbunden. Dabei wird erörtert, ob eine Thematisierung von LSBTTI in der Schule gesellschaftspolitisch und entwicklungspsychologisch sinnvoll ist und auf Homophobie gründende Diskriminierung, zum Beispiel durch Beschimpfungen, Beleidigungen und Mobbing abbaut oder aber, wie die Gegenthese der ZVL lautet, konträr zur Gesundheitserziehung laufe und die Schüler_innen indoktriniere (Kapitel 7).

2 Normalität

Was als normal gilt und was nicht, ist schon seit jeher Inhalt philosophischer, politischer, religiöser und sozialer Diskurse. Der Begriff „normal" ist dem Lateinischen entlehnt und wurde ursprünglich in der antiken Bautechnik als Begriff für das Winkelmaß verwendet. Inzwischen hat der Begriff vielfältige Bedeutungen. Allgemein ist darunter alles zu verstehen, was nicht einer bestimmten Norm entspricht. Dabei ist nicht immer eindeutig, wie diese Normen zustande kommen, wie sie begründet werden und welche Wirkung sie haben. Vor diesem Hintergrund ist grundsätzlich zu untersuchen, ob Normalität einen objektiven Wert darstellt, dem subjektivistische Haltungen erst entspringen oder ob es ein soziales Konstrukt und demnach anthropozentrisch ist. Da Normenbegründungen zur Rigidität von Normen beitragen, da sie diese zu legitimieren und damit zu etablieren versuchen, wird in Abschnitt 2.1.1 auf verschiedene Normenbegründungen eingegangen.

Ein Blick auf die Ethnologie und auf fremde Kulturen zeigt, dass Normalität vor allem im Kontext verschiedener Gesellschaften entsteht und diskutiert wird. Zentral ist dabei das hermeneutische Problem des generellen Fremdverstehens sowie darüber hinaus das Verstehen als different wahrgenommener Lebensformen fremder, zumeist nicht-westlicher Kulturen. Während in unserer Kultur bestimmte Normen gelten, werden in fremden Kulturen teilweise konträre Normen befolgt und begründen somit eine andere gesellschaftliche Normalität[7]. Vor diesem Hintergrund stellt sich somit die Frage, ob es überhaupt grundlegende, objektive Universalnormen gibt, welche für alle Kulturen gelten, oder ob Normalität im kulturanthropologischen Sinne relativ und somit nur vor dem Hintergrund des jeweils eigenen Wertehorizonts zu betrachten ist (vgl. Rolf 1999, S.12). Nicht nur interkulturell, sondern auch innerhalb der Grenzen von Normalität der eigenen Kultur[8] und auch innerhalb bestimmter normativer Verhaltenskategorien, zum Bespiel der Heterosexualität, lassen sich Variationen feststellen (vgl. Thomas 1992, S.313; siehe auch 2.2). Insofern stellt sich die Frage, ob Normalität wandel-

---

7 So werden beispielsweise den Höflichkeitsformeln in China zufolge Männer zuerst begrüßt, während dies in westlichen Ländern als unhöflich gilt und Frauen hier bei der Begrüßung Vorrang haben.

8 Auf die Besonderheiten bestimmter Gruppen und die diesen Gruppen spezifischen Normen und Normalitätsverständnisse wird in 4.2.2 detailliert eingegangen.

bar oder ein absoluter, dauerhafter Wert ist. Hierauf wird in Abschnitt 2.1.3 näher eingegangen.

2.1 Arten von Normen

Im technischen Sinn bedeutet Norm einen vereinheitlichten technischen Standard- bzw. Idealwert[9] oder einen Kennwert der zentralen Tendenz, wie ihn z.B. die Gaußsche Normalverteilung aufzeigt. In der Medizin treten Normalität und Toleranz häufig im Zusammenhang auf. Als „normal" wird dabei verstanden, was dem medizinischen Stand der Forschung entspricht. Hierzu zählen Messwerte ebenso wie das Eintreten bestimmter, vorhersehbarer Ereignisse, wie etwa ein bestimmter, als typisch geltender Krankheitsverlauf. „Normal" in diesem Kontext kann also „gesund", aber auch „typisch" bedeuten. Als „unnormal" wird dagegen ein Zustand oder eine Veränderung bezeichnet, welche nicht den Standardmesswerten entspricht oder atypisch verläuft. In der Psychiatrie wird als „normal" eine stabile geistige Kondition beschrieben, welche keine Störungen im Sinne des amerikanischen Standardwerks zur Diagnostik mentaler Störungen „Diagnostic and Statistical Manual of Mental Disorders" erkennen lässt. Vor diesem Hintergrund bekommt „unnormal" die Bedeutung „krankhaft", „pathologisch" und „gestört". Die Grenzen sind hierbei nicht immer klar. Auch in der Medizin werden Toleranzen eingeräumt, welche den Begriff der Normalität ausdehnen und minimale Abweichungen dulden. Wie in Abschnitt 5.2 aufgezeigt wird, beeinflusst diese Konnotation auch den Umgang mit außerhalb des Medizinischen auftretenden Devianzen von der herrschenden Sexualnorm (vgl. 2.1.3). In der Evolutionsgeschichte wie auch in der Medizin kann Normalität allerdings auch die Anpassung des Körpers an seine Umwelt als „eine gelingende Responsivitätsbeziehung zwischen Leib und Umwelt" (vgl. Rolf 1999, S.15) verstanden werden. Normen haben demzufolge sowohl in der „Gewinnung theoretischer Erkenntnis" als auch im menschlichen Tun eine grundlegende Funktion.

In der Theorie begründen Normen Wissenschaft, Technik, Sprache, Logik und sämtliche anderen Bereiche durch Ordnungsschemata, festgesetzte Reihenfolgen und spezifische Regeln. In den Künsten werden Normen sowohl in der Produktion als auch in der Rezeption zugrunde gelegt und betreffen zum Beispiel Geset-

9 Z.B. die deutsche Industrienorm DIN.

ze der Perspektive in der Malerei oder der Harmonie in der Musik[10]. „Norm" bzw. „normal" kann somit ebenfalls als „ideativer Begriff, als Grenzbegriff einer Eigenschaft im Status unüberschreitbarer Vollkommenheit" (Höffe 2008, S.229) verstanden werden. Gleichwohl kann der Begriff auch eine Bewertung von Zuständen oder Verhaltensweisen und Handlungen sein, welche auf Grundlage eines empirisch ermittelten Durchschnittswertes erfolgt und in diesem Sinne zwischen „anormal" und „normal" unterscheidet (vgl. ebd.).

Juristisch gesehen entsprechen Normen einem Imperativ, demzufolge unter „normativ" Verhaltensvorschriften in Form von Geboten oder Verboten zu verstehen sind. In der Praxis stellen Normen sowohl rechtliche als auch moralische Grundsätze dar, die Gesellschaftsmitglieder oder die Gesellschaft als Ganzes zu einem bestimmten Tun auffordern. Rechtliche, präskriptive Normen haben einen „Du sollst"-Charakter und verpflichten demzufolge das rechtsunterworfene Gesellschaftsmitglied zur Befolgung einer Rechtsnorm. Luhmann sieht Normen als innerhalb der Gesellschaft stabilisierte Erwartungen an, welche wider die Erfahrung Bestand haben können. Er nennt diesen Aspekt von Normen „kontrafaktisch stabilisierte Verhaltenserwartungen" (vgl. Luhmann 1993, S.130), weil sie feste, kognitive Erwartungen repräsentieren, an denen festgehalten wird, auch wenn sich die Faktenlage ändert oder Erfahrungen ein anderes Verhalten hervorbringen müssten. Die Freiheit des Verhaltens werde auf der Ebene der Erwartungen auf diese Weise im Voraus eingeschränkt (vgl. ebd., S.129). Zu solchen kontrafaktisch stabilisierten Verhaltenserwartungen zählen zum Beispiel Rechtsnormen, auf deren Verletzung auch Sanktionen verhängt werden können. Obwohl es ohne Zweifel Rechtsverstöße und Verbrechen gibt, bleiben diese normativen Verhaltenserwartungen bestehen und schreiben den Gesellschaftsmitgliedern ein Verhalten vor, sind also präskriptiv und implizieren eine (im Strafrecht negative: „du sollst nicht") Erwartungshaltung. Normalität könne Luhmann zufolge aber auch in Form einer „Selbstverständlichkeit des Üblichen" oder dem Gewohnheitsrecht einen Gegenpol zur Normativität darstellen (vgl. Rolf 1999, S.13). Im Sinne Durkheims üben Nomen einen äußeren Druck auf Individuen

---

10 In der Kunst und in der Ästhetik stellt sich dabei immer wieder die Frage danach, ob sich der Wert eines Kunstwerkes nach dem Grad der Perfektion im Sinne einer idealen Umsetzung bestehender künstlerischer und ästhetischer Normen oder aber der Wert im Sinne der Originalität gerade durch die Überschreitung oder Missachtung bestehender Richtlinien und die Originalität und Individualität des Werkes sowie die Autonomie des Künstlers oder der Künstlerin zunimmt.

aus, indem ihr Verhalten gesteuert und reglementiert wird. Durkheim spricht hier von „sozialen Tatbeständen", nach denen gehandelt wird und werden muss, da die Nichtbefolgung dieser Normen zu Sanktionen führt, welche die Individuen so dazu zwingen, der sozialen Ordnung gerecht zu werden (vgl. Durkheim 1961, S.106ff). Soziale Tatsachen regeln demnach die Art und Weise des gesellschaftlichen Zusammenlebens (vgl. Abels et al. 2009, S.20). In ethischer Hinsicht betrifft der Normbegriff also Handlungsregeln, welche das Verhalten durch moralische Gebote oder Verbote bestimmen, indem sie vorschreiben, was zu tun ist bzw. was nicht getan werden darf.

Eine dritte Modalität der Norm stellt gewissermaßen einen Zwischenbereich dar und beinhaltet das, was nicht explizit durch „du sollst" oder „du sollst nicht"-Sätze geregelt wird, sondern freigestellt ist. Die Untersuchung der Konsistenz dieser Normen ist Gegenstand der deontischen Logik, welche die logischen Relationen zwischen moralischen Urteilen anhand der Modalitäten „verboten", „erlaubt" und „geboten" untersucht. Allerdings vermag deontische Logik nur Widersprüchlichkeiten aufzudecken, nicht aber, Normen zu begründen (vgl. ebd., S.230)[11].

2.1.1 Normenbegründungen

Normalität wird durch Normen bestimmt, welche unterschiedlichen Ursprungs sind und somit auch unterschiedliche Begründungen für ihre Objektivität und somit auch für ihre Legitimität vorbringen. Normen konstituieren Weltbilder, die jeweils als absolut und selbstverständlich angesehen werden. Für das Verständnis von Normalität in ihren unterschiedlichen Ausprägungen und Interpretationen ist darum ein Blick auf unterschiedliche Normenbegründungen hilfreich, die jedoch im Folgenden nicht erschöpfend und kritisch dargestellt werden, sondern aufzeigen sollen, wo eine als selbstverständlich wahrgenommene, absolutistische Normalität herrühren kann.

Die verschiedenen Positionen zur Normenbegründung leiten sich jeweils aus einer außernormativen Instanz und einem hierauf basierenden, höchsten moralischen Prinzip ab. Die Untersuchung eines systematischen Zusammenhangs dieses höchsten Gebotes und der daraus abgeleiteten Gebote und Verbote sowie

---

11 Zum Beispiel, ob zu lügen trotz einer kategorischen Pflicht zur Wahrheit gerechtfertigt sein kann. Vgl. hierzu auch Kant: Über ein vermeintes Recht aus Menschenliebe zu lügen. AA Bd. VIII, S.426.

sittlicher Werturteile ist Gegenstad normativer Ethik (vgl. Höffe 2008, S.230). So zum Beispiel sind Normen im Sinne einer theologischen Ethik am Willen eines Gottes ausgerichtet, der etwa aus der Interpretation religiöser Schriften abgeleitet wird und vorschreibt, was moralisch richtig oder falsch ist. Die Begründung durch den Willen eines höchsten Wesens wirft allerdings weitere Fragen zur Begründung auf und entspricht gewissermaßen der Frage nach dem Huhn und dem Ei: Ist etwas gut, weil es Gott geboten hat oder hat Gott etwas geboten, weil es gut ist[12]? Von Gott als „gut" befunden bzw. geboten zu sein mache demnach keine Aussage über das Fromme bzw. den moralischen Wert eines Gebotes und kann insofern nicht seiner Begründung dienen.

Konsequentialistische Ethik begründet Normen dagegen mit den Folgen für den Einzelnen, die Mehrheit oder die gesamte Gesellschaft. Diese Normenbegründung orientiert sich an dem größtmöglichen Nutzen für die Gesamtheit (Utilitarismus) oder dem eigenen Wohl, dem Glück und Selbstinteresse eines Individuums oder einer Gruppe (egoistische Ethik). Normative Ethik, welche sich auf den größtmöglichen Nutzen oder das größtmögliche Glück bezieht, ist teleologisch, d.h. auf ein höchstes, anzustrebendes Ziel ausgerichtet. Demgegenüber steht die deontologische Ethik, bei der Pflicht und reiner, autonomer und unabhängiger Wille die normenbegründenden Instanzen darstellen. Den Handlungsmaximen Kants kategorischen Imperativs zufolge sollen Handlungen immer den Menschen als Zweck, niemals aber als Mittel sehen. Sie sind außerdem auf ihre Universalisierbarkeit zu prüfen, also darauf, ob sie geeignet wären, zu einem allgemeinen, objektiven und notwendigen Gesetz zu werden. Anhand dieser zwei Maximen lassen sich sodann sittliche Normen begründen und legitimieren. Das Gute besteht damit nicht in der Eignung für die Erfüllung subjektiver Absichten oder dem Streben nach Glück, sondern ist aus sich heraus ohne irgendwelche Absichten gut. Der kategorische Imperativ stellt somit selber keine Norm dar, sondern dient vielmehr als Prüfkriterium von Normen.

Normen leiten sich in den oben aufgeführten Positionen aus dem göttlichen Willen, dem Nutzen im weitesten Sinne oder der Pflicht ab. Seit der zweiten Hälfte des 19. Jahrhunderts wurden auch gesellschaftliche Werte als Begründung ethi-

---

12 Vgl. hierzu das Euthyphron-Dilemma: „Das sei das Fromme, was alle Götter lieben, und gegenteils, was alle Götter hassen, sei ruchlos." (Platon: Euthyphron, S.260 [9e]) „Bedenke dir nämlich nur dieses, ob wohl das Fromme, weil es fromm ist, von den Göttern geliebt wird, oder ob es, weil geliebt wird, fromm ist?" (ebd., S.260, [10a])

scher Normen herangezogen. Werte werden dabei definiert als „die bewußten oder unbewußten Orientierungsstandards u. Leitvorstellungen, von denen sich Individuen und Gruppen bei ihrer Handlungswahl leiten lassen“ (Höffe 2008, S.344). Sie existieren der Wertethik zufolge als moralische Wesenheiten, aus denen verbindliche Normen hervorgehen. Der Soziologe Talcott Parson beschreibt Normen als „Muster generalisierter Erwartungen“, da sie aus bestimmten Wertvorstellungen der agierenden Personen resultieren (vgl. Abels et al. 2009, S.36). Wertvorstellungen seien existenzielle Vorstellungen von der Welt, welche sich der Begründung durch empirisches Wissen entziehen und sich vielmehr auf die philosophische und religiöse Frage nach dem Sinn des Lebens berufen. Erst aus diesen Werten leiten Menschen Parsons zufolge Normen ab (vgl. ebd., S.36): „So gesehen liegt der wesentliche Aspekt der sozialen Struktur in einem System von Erwartungsmustern, die das rechte Verhalten von Personen in bestimmten Rollen definieren“ (Parsons 1945; zit. nach: Abels et al., S.36).

Parsons sieht gesellschaftliche Normen demnach zwar in der Existenz von Werten begründet. Er führt soziales Verhalten aber nicht allein auf diese expliziten Regeln und Gebote oder Verbote zurück, sondern betrachtet Verhalten „durch die kleinen, minutiösen Reaktionen der anderen auf unser Verhalten“ als Resultat unserer Orientierung an anderen (vgl. Thomas 1992, S.201). Dies entspreche Thomas zufolge gewissermaßen einer Realitätskontrolle, denn unbewusst werde permanent das eigene Verhalten an den wahrgenommenen Verhaltenserwartungen in Form von Mimik oder Gestik, respektive den deskriptiven Normen der anderen ausgerichtet (vgl. ebd.).

2.1.2 Deskriptive Normen

Sozialpsychologisch bedingt sind Menschen auf soziale Gruppen angewiesen. Um innerhalb ihrer sozialen Gruppen zu bestehen und diese zu erhalten, besteht für ihre Mitglieder ein Konformitätszwang (vgl. Nolan et al. 2008, S.913; siehe hierzu 4.2.2). Deskriptive Normen werden zwar häufig von präskriptiven Normen abgeleitet, bestehen aber vielmehr in der Tradition, in altbewährter Gewohnheit oder dem bei der Mehrheit wahrgenommenen Verhalten. Handlungen und Meinungen orientieren sich demnach situationsabhängig daran, was mehrheitlich innerhalb einer Gruppe praktiziert oder angenommen wird. Was hiervon abweicht, wird als unnormal, auffällig oder störend empfunden. Die Orientierung an dem, was die anderen tun, wird auch als „Normalismus“ bezeichnet und ist von Normalität als Inbegriff von Lebenswelt zu differenzieren (vgl. Willems 2008, S.160).

Nolan et al. (2008) belegen in ihren Studien, dass deskriptive, normative Vorstellungen maßgeblich das Verhalten von Personen beeinflussen. Insofern wirken auch deskriptive Normen indirekt präskriptiv und regulativ, allerdings meist unbewusst und somit einer Reflexion entzogen (vgl. S.920f.). Es konnte nachgewiesen werden, dass dies teilweise sogar wider besseres Wissen oder bedrohlichen Situationen, die instinktiv ein anderes Verhalten hervorrufen würden, zum Trotz geschieht (vgl. ebd., S.913). Nolan et al. führen zahlreiche Studien auf, welche den unbemerkten Einfluss anderer Menschen auf unser Verhalten aufzeigen. Aus den Ergebnissen kann abgeleitet werden, dass der Mensch als „homo sociologicus" sein Verhalten fast ausschließlich an den Erwartungen seines Umfeldes, also an deskriptiven Normen ausrichtet. Dieses Verhalten geschehe vollkommen unbewusst: Nolan et al. zufolge wurde das an Studienteilnehmern beobachtete, unbewusst gruppenkonforme Verhalten ex post mit präskriptiven Normen und Argumenten zu rechtfertigen versucht. So erklärten Probanden, die einer Person in einer Notlage nicht zu Hilfe kamen, ihr Unterlassen nicht mit deskriptiven Normen[13], sondern mit dem Gebot, sich nicht in fremde Angelegenheiten einzumischen. Diesen Befunden gegenüber waren einzelne Personen ungeachtet eines eventuellen Einmischens eher dazu bereit, jemandem in einer Notsituation zu helfen (vgl. ebd., S.914). Auch Meinungen werden laut Nolan et al. latent durch deskriptive Normen beeinflusst. Mit dem Begriff der „introspective illusion" wird dabei die Tendenz von Menschen beschrieben, sich der mehrheitlichen Meinung anzuschließen, dies aber rational als eigenen, autonomen Entschluss zu begründen und sich des Einflusses der Gruppenkonformität nicht bewusst zu sein (vgl. ebd., S.914f.). Die Studie von Nolan et al. zeigte aber auch, dass das Gewahr werden dieser „mentalen Verunreinigung" („mental contamination") dazu führt, dass Menschen danach bewusster mit diesen Einflussfaktoren umgehen und versuchen, diese aus ihrem Urteil zu abstrahieren (vgl. ebd., S.921). Dementsprechend ist eine Reflexion der vorherrschenden deskriptiven (Gruppen-) Normen wichtig, um zu einer Veränderung nicht nur des bewussten, sondern auch des

13 Hier dient die Tatsache, dass auch die anderen anwesenden Personen nicht einschritten, nicht als Begründung für ein Nichteinschreiten. Dieses Phänomen wird in der Fachliteratur auch als „Bystander-effect" beschrieben; diesem zufolge verringert sich die Wahrscheinlichkeit eines helfenden Einschreitens mit der Anzahl der dieser Situation beiwohnenden Personen (vgl. Nolan et al. 2008, S.914).

unbewussten Verhaltens zu führen. In diesem Zusammenhang können dann auch Stereotype und Vorurteile kritisch reflektiert und auf ihren unbewussten Einfluss auf unser Verhalten untersucht werden (vgl. hierzu 4.2).

2.1.3 Heteronormativität und Heterosexismus

Unter Heteronormativität ist die gesellschaftliche Privilegierung heterosexueller Lebensformen zu verstehen. „Hetero" bedeutet verschieden, bezieht sich also auf die Bipolarität von Männern und Frauen. Heteronormativität kennt nur diese beiden Geschlechter; intersexuell geborene sowie sich als transgender identifizierende Personen existieren in dieser Vorstellung nicht. Schroeder (1999) spricht von einem binären Code innerhalb eines die „geschlechtlichen und sexuellen Potentiale verengenden und unterdrückenden hegemonialen" Systems (S.165).

Auf dieser Bipolarität beruhende Beziehungen werden als normal angesehen, was auch in Art.6, Abs.1 GG deutlich wird, in dem die Ehe explizit als Verbindung zwischen Mann und Frau definiert und gesetzlich verankert wird. Heteronormativität ist also gesetzlich geschützt und damit unehelichen Partnerschaften, aber auch eingetragenen Lebenspartnerschaften übergeordnet. Nach Auffassung der Gegner der „Homo-Ehe" begründe die Normalität der Heterosexualität und der Ehe sich aber auch durch die Möglichkeit der Fortpflanzung und der dadurch gesicherten Generationennachfolge[14]. Dies impliziert eine Fokussierung auf eine Funktion von Sexualität, nämlich der Fortpflanzung. Heteronormativität diskriminiert somit alle Menschen, die Sexualität nicht zum Zwecke der Fortpflanzung betreiben ebenso wie diejenigen, die sich unverheiratet fortpflanzen, und einzelne Homo- und Bisexuelle ebenso wie gleichgeschlechtliche Paare, die Kinder adoptieren oder zeugen und gebären. Während jedoch die Norm der dauerhaften Paarbeziehung gilt und Familie einen hohen Wert darstellt, entsprechen auch eingetragene Lebenspartnerschaften mit Kind[15] (sogenannte „Regenbogenfamilien")

---

14 So erklärte der CSU-Politiker und Abgeordnete im Deutschen Bundestag Norbert Geis in einem Interviewbeitrag vom 08. August im Deutschlandradio: „Und diese Verbindung als Verbindung kann ja keine Kinder hervorbringen, das wollen die auch gar nicht, sonst wären sie ja nicht in einer lesbischen oder schwulen Lebensgemeinschaft". Interviewbeitrag unter der Überschrift „Geis: Homo-Ehe kann niemals mit Ehe gleichgestellt werden" vom 08. August 2012.

15 Vgl. hierzu Report „Gleichgeschlechtliche Lebensgemeinschaften und Familien" 2013, S.3.

oder ohne Kind dieser Norm, denn diese Art der Beziehung ist ebenfalls auf Dauer angelegt. Demgegenüber gibt es zahllose kinderlose heterosexuelle Partnerschaften, die, obgleich nicht auf Fortpflanzung ausgerichtet, unter dem besonderen Schutz der Ehe stehen. So heißt es zum Beispiel in einer Urteilsbegründung des Bundesgerichtshofs vom 14.02.2007: „Die Ehe dürfe im Hinblick auf Fortpflanzung und Erziehung eigenen Nachwuchses, einem für die Zukunft der Gesellschaft wesentlichen Anliegen, bevorzugt werden“ (vgl. BGH 2007). Demgegenüber steht allerdings einer der Leitsätze des Bundesverfassungsgerichts bezüglich eingetragenen Lebenspartnerschaften zum Urteil des Ersten Senats vom 17. Juli 2002:

> (...) Der besondere Schutz der Ehe in Art. 6 Abs. 1 GG hindert den Gesetzgeber nicht, für die gleichgeschlechtliche Lebenspartnerschaft Rechte und Pflichten vorzusehen, die denen der Ehe gleich oder nahe kommen. Dem Institut der Ehe drohen keine Einbußen durch ein Institut, das sich an Personen wendet, die miteinander keine Ehe eingehen können. (BVerfG, 1 BvF 1/01 vom 17.7.2002, Absatz-Nr. 3)

Es stellt sich vor dem Hintergrund der gemeinsam geteilten Werte in Bezug auf Partnerschaft und Familie somit die Frage, auf welcher Grundlage Heterosexualität als Norm in unserer Gesellschaft verankert ist. Vor diesem Hintergrund kann darum auch von Heterosexismus gesprochen werden. Sexismus wird dabei definiert als „jede Art der Diskriminierung, Unterdrückung, Verachtung und Benachteiligung von Menschen aufgrund ihres Geschlechts sowie für die Ideologie, die dem zugrunde liegt.“ Sexismus finde sich

> in psych. Dispositionen, in Vorurteilen und Weltanschauungen ebenso wie in sozialen, rechtl. und wirtschaftl. Regelungen, schließlich auch in der Form fakt. Gewalttätigkeit und Ausschließung im Verhältnis der Geschlechter und in der Rechtfertigung dieser Gewaltakte und -strukturen durch den Verweis auf eine ‚naturgegebene‘ Geschlechterdifferenz. (Brockhaus-Enzyklopädie 2006, Bd. 25, S.106; zit. in: Kerner 2014, S.41)

Somit könne Sexismus sowohl personale als auch strukturelle und institutionelle Erscheinungsformen haben (vgl. ebd.).

2.2 Normalität der Beständigkeit oder Normalität der Veränderung?

> Die Normalität als solche muß heute ständig neu definiert werden. Sie hat kein bestimmtes Vorbild mehr. Deswegen mutet es etwas antiquiert an, wenn heute jemand beginnt, nach kulturellen Differenzen zu suchen, denn eine solche Suche setzt voraus, daß Normalität immer schon gegeben und nur die Abweichungen problematisch sind. In unserer heutigen Welt aber ist gerade die Normalität problematisch, so daß wir nicht mehr imstande sind zu sagen, was die Norm und was die Abweichung von dieser Norm ist. Vielleicht ist gerade diese Suche nach der Abweichung für uns zur zivilisatorischen Norm geworden. (Groys, Boris: Die Erfindung Rußlands. München, 1995. S.17; zit. nach: Rolf 1999, S.14)

Der gesellschaftliche Diskurs um die Implementierung sexueller Vielfalt in Bildungspläne mutet häufig an, als sei Veränderung empirisch oder normativ unnormal, weil sie entweder als ungewöhnlich oder als unerwünscht wahrgenommen wird. Ein Blick auf die Geschichte zeigt, dass ersteres nicht stimmen kann. Die Gesellschaft ist in jederlei Hinsicht, ob Technik, Politik, Jurisprudenz, Soziologie, Ernährung, Pädagogik etc., einem steten Wandel unterworfen. Insofern sich dieser Wandel schleichend vollzieht, werden die Grenzen der Normalität ebenfalls unbemerkt ausgedehnt. Erst deutliche Veränderungen bringen oftmals einen Aufschrei derer mit sich, die altbewährte Handlungsweisen und Gewohnheiten verändern müssen, um der neuen Normalität zu entsprechen. Die Normalität der Veränderung scheint noch schwerer zu akzeptieren als die Normalität eines Zustands, weil Veränderung mitunter erfordert, sich von Vorurteilen und Stereotypen zu lösen, diese zu reflektieren und bestenfalls aufzugeben (vgl. hierzu 4.2). Hierdurch können sich einzelne Individuen in ihrer Handlungssicherheit und Gruppenhierarchie bedroht fühlen. Willems sieht Normalismus als eine Strategie an, mit „modernisierungsimmanenten Differenzierungseffekten“ umzugehen, welche einen subjektiv wahrgenommenen Schwund von Normalität zu kompensieren suche (vgl. Willems 2008, S.160). Je mehr die gewohnte, traditionelle Normalität im Zuge einer immer offener werdenden Gesellschaft durch viele andere, veränderliche Normalitäten ersetzt werde, desto mehr würden Menschen die „formalen statischen Normalitäten der Statistik“ idealisieren und sich an ihnen festklammern (vgl. ebd.):

> Im großen Strom zu schwimmen „beschafft das notwendige Sicherheitsgefühl in einem hyperdynamischen, tendenziell chaotischen Gesell-

> schaftstyp: Wer im mainstream der Normalität schwimmt und nicht an den Rand gerät, ruht in einem modernen Ersatz für Abrahams verlorenen Schoß." (Link 1999, S.44f.; zit. nach: Willems 2008, S.160)

Gesellschaftliche Veränderungen und Fortschritt sind dennoch ein Teil der Normalität. Insofern ist Rolf zufolge Normalität sowohl kulturanthropologisch als auch historisch gesehen relativ und stelle ein diskursives Ereignis dar (vgl. Rolf 1999, S.16).

Die Schule als „gesellschaftlicher Akteur" (Fend 2008, S.17) wird oft mit der Begründung kritisiert, dass gerade die Schulstrukturen eine kritische Identitätsbildung verhindern und stattdessen soziale Anpassung, Normierung und die Ausbildung von Konformitätszwängen forcieren würden (vgl. Popp 2014, S.110). Normen werden hier gelehrt, vorgelebt, abgeguckt und anerzogen. Als Sozialisierungsinstanz ist Schule dazu angehalten, die präskriptiven Normen auch deskriptiv umzusetzen und vorzuleben, „da wie in anderen sozialen Bereichen auch im Schulsystem ein Verhältnis von Normvorgaben und Ausführung, von gesetzlich geregelter und faktisch vollzogener Praxis besteht." (Fend 2008, S.18). Dies muss durch Bildungspläne und (Kern-)Lehrpläne realisiert werden, welche Unterrichtsinhalte, Lerngegenstände und Lernprozesse, zu vermittelnde Kompetenzen und das angestrebte Bildungsniveau vorgeben und strukturieren (vgl. ebd., S.76; siehe hierzu 6.3.1). Darüber hinaus müssen die Lehrpersonen diese inhaltlichen Vorgaben entsprechend umsetzen, reflektieren und vorleben, weil der Einfluss der unausgesprochenen Normen der Gewohnheit und der Anpassung, wie gezeigt werden konnte, von großer Bedeutung ist (vgl. hierzu 6.2). Schule sollte der Ort sein, an dem Veränderungen nachhaltig und ganzheitlich angestoßen und umgesetzt werden. So kommt Normalität in diesem Zusammenhang die weitere Dimension des kritischen Auseinandersetzens zu. Sowohl präskriptive als auch deskriptive Normen sind kritisch zu hinterfragen und bewusst zu reflektieren. Die Toleranz sexueller Vielfalt präskriptiv zur neuen Norm zu erheben, ist darum nicht ausreichend.

Im folgenden Kapitel wird vor diesem Hintergrund untersucht, welche unterschiedliche Arten von Toleranz es gibt sowie verschiedene Interpretationen des Toleranzbegriffs historisch und philosophisch aufgezeigt, um hieran anknüpfend zu untersuchen, inwiefern diese unterschiedlichen Verständnisse von Toleranz Einfluss haben auf die gesellschaftliche Praxis, hier insbesondere auf den Umgang mit LSBTTI im Schulsystem.

3 Toleranz

> (…) Hört mir zu, denn der Schöpfer aller dieser Welten hat mich erleuchtet. Es gibt neunhundert Millionen kleiner Ameisen wie wir auf der Erde; aber Gott liebt nur meinen Ameisenhaufen: alle andern sind ihm von Ewigkeit her ein Greuel. Mein Ameisenhaufen allein wird glücklich und alle übrigen werden ewig unglücklich sein.′" Hier wird man mich sogleich unterbrechen und fragen, wer der Narr gewesen ist, der so unvernünftig Zeug geredet hat. Und ich werde mich genötigt sehen, ihnen zu antworten: ‚Ihr selbst.' (Voltaire „ Toleranz"; zit. nach: Höffe 2007, S.217f.)

Obgleich der Begriff „Toleranz" fast alltäglich verwendet wird, scheint seine Bedeutung diffus und ambivalent zu sein und unterschiedlichen Interpretationen zu unterliegen. So ist das Verb „tolerieren" eher negativ konnotiert, wenn etwa ein Zustand oder ein Verhalten ertragen und somit geduldet wird, ohne diese allerdings gutzuheißen oder Verständnis hierfür zu haben. Gemäß der „Erklärung von Prinzipien der Toleranz" der UNESCO (1995) soll „Toleranz" hingegen mit den Begriffen „Akzeptanz", „Respekt" und „Anerkennung" gleichgesetzt werden und durch die Maßgabe der Gleichheit und der Gültigkeit der Menschenrechte als Tugend und als Pflicht angesehen werden. Um diesem vermeintlichen Widerspruch auf den Grund zu gehen, ist ein genauerer Blick auf die Genealogie und Etymologie des Toleranzbegriffs von Nöten. Toleranz, so Hastedt, komme dabei erst dann zum Tragen, wenn etwas, sei es ein messbarer Wert, eine Eigenschaft oder eine Handlung, von einer Norm abweicht, da Toleranz einen Dissens erfordere und schwerfallen müsse. Toleranz die leichtfällt, sei keine (vgl. Hastedt 2012, S.14).

„Toleranz" ist dem lateinischen Verb „tolerare" entlehnt, welches „dulden", „ertragen" bedeutet. Die Bedeutung im Sinne von „Belastbarkeit" ist auch im heutigen Sprachgebrauch noch häufig zu finden. So wird zum Beispiel in der Medizin oder Mechanik mit „Toleranzgrenze" ein Wert gemeint, den ein Körper zu ertragen fähig ist, bevor sich negative Folgen auswirken. Im heutigen Sprachgebrauch hat sich der Toleranzbegriff allerdings differenziert und eine neue Bedeutung erhalten, welche Toleranz nicht als wertfreie Handlung, sondern als eine zugrunde liegende Geisteshaltung oder als Motiv versteht. Als Übergang von der einen zur anderen Begriffsbedeutung kann die sogenannte „Frustrationstoleranz" als eine

„Sublimierung einer Frustration ohne Aggressionen oder Depressionen“[16] verstanden werden.

Philosophisch wird der Begriff „Toleranz“ unterschiedlich bewertet. Forst (2012) unterscheidet in seinem Werk „Toleranz im Konflikt. Geschichte, Gehalt und Gegenwart eines umstrittenen Begriffs“ vier Konzeptionen der Toleranz: Die Erlaubnis-Konzeption, die Koexistenz-Konzeption, die Respekt-Konzeption und die Wertschätzungs-Konzeption stellen jeweils unterschiedliche Formen der Toleranz dar, die stark in ihren Auswirkungen auf gesellschaftliche Handlungen und Haltungen divergieren. Auf diese wird an späterer Stelle genauer eingegangen (siehe 3.2). Hastedt (2012) hingegen bedient sich in seinen Ausführungen zur Toleranz einer Definition, welche nur die ersten drei von Forsts Konzeptionen aufgreift. Sowohl Anerkennung als auch Wertschätzung sieht er hingegen als unvereinbar mit dem Begriff der Toleranz an, da hier ein in seinen Augen unerlässliches Merkmal der Toleranz, nämlich das Moment der Ablehnung, fehle (vgl. Hastedt 2012, S.13).

Für einen produktiven Diskurs über das Thema der Toleranz im Schulsystem (z.B. auch durch die Thematisierung von Mobbing und Bullying, durch Respekts-Kampagnen u.ä.) ist also zunächst zu klären, welcher Toleranzbegriff zugrunde liegt oder noch zu legen ist. Dazu wird im Folgenden zunächst die Geschichte des Toleranzbegriffs kurz umrissen um hierdurch aufzuzeigen, inwiefern sich das heutige Toleranzverständnis im Sinne von Bedeutung einerseits und gesellschaftlicher Praxis andererseits von der ursprünglichen Etymologie unterscheidet. Dabei soll herausgearbeitet werden, ob Toleranz als Tugend verstanden wird, welche einen Wert für sich darstellt oder ob Toleranz vielmehr als pragmatisches Instrumentarium im Sinne eines Modus vivendi fungiert. Insbesondere für die Analyse von Toleranz im Schulsystem ist es darüber hinaus notwendig, verschiedene Arten und Ebenen der Toleranz zu unterscheiden und die unterschiedlichen Implikationen und Konsequenzen zu erörtern, die sich hieraus ergeben.

3.1 Arten der Toleranz

Ideengeschichtlich lassen sich die Anfänge des Toleranzbegriffs in der frühen europäischen Neuzeit mit der Duldung von andersgläubigen Individuen durch den Staat, also gewissermaßen „von oben nach unten“, verorten. Man spricht

---

16 Vgl. Duden „Frustrationstoleranz“. Bibliographisches Institut GmbH, 2013.

darum auch von vertikaler Toleranz. Die durch die herrschende Gewalt praktizierte Toleranz stellte somit eine Subordination dar, welche die staatliche Macht über einzelne Individuen deutlich machte. Allgemeiner bezieht sich vertikale Toleranz allerdings lediglich auf Akteure auf verschiedenen Ebenen und impliziert nicht zwingend ein Machtgefälle. Sie betrifft sowohl Kollektive (wie etwa gesellschaftliche Institutionen, Vereine, Parteien), welche Individuen tolerieren, als auch umgekehrt einzelne Individuen, die Kollektive tolerieren (vgl. Hastedt 2012, S.11). Das Verhältnis der Subordination ist hier quantitativer Art. Duldung bedeutet in diesen Formen der Toleranz die einem Untergebenen oder einer Minderheit bewilligte Erlaubnis als eine Art „Gnadenerweis" (vgl. Becker 1996 [AuT], S.13). Toleranz wird hier also zu einem hoheitlichen Privileg, welches gewährt werden kann, aber nicht muss.

Von horizontaler Toleranz wird gesprochen, wenn sich die Beteiligten auf gleicher Ebene begegnen (ebd.). Hierunter ist also ebenso das wechselseitige Tolerieren von Kollektiven, wie etwa Parteien, Vereinen, Minderheiten, wie auch von einzelnen Individuen untereinander zu verstehen. Hierbei ist zu unterscheiden, ob gleiche Rechte und gegenseitiger Respekt im Vordergrund stehen, also eine Ebenbürtigkeit der Individuen vorausgesetzt wird, oder eine qualitative Subordination vorliegt, der zufolge „es sich um Verhältnisse von Gläubigkeit und Ungläubigkeit, Wahrheit und Falschheit handelt" (Becker 1996 [AuT], S.13). Hier geht es demnach um die Frage der persönlichen Haltung gegenüber divergierenden ethischen Überzeugungen.

An der horizontalen Toleranz wird die Problematik eines einheitlichen Toleranzverständnisses besonders deutlich. Es wirft die Frage auf, ob Toleranz in Anlehnung an die Wortherkunft des Begriffes die Duldung von Minderheiten und deren vermeintlich falschen Ansichten (quantitative und qualitative Subordination) oder die Akzeptanz und Anerkennung von gleichen Rechten im Sinne der kantischen Ethik der Personalität und des ethischen Universalismus bedeutet. Entweder werden andere Auffassungen im Sinne eines „gewähren Lassens" toleriert, solange die eigenen, als richtig und wahr empfundenen Ansichten unberührt bleiben. Oder aber Toleranz unterscheidet nicht zwischen richtig und falsch, sondern ermöglicht eine gleichberechtigte und nicht bloß den besonderen Umständen geschuldete Koexistenz verschiedener Einstellungen, sofern sie nicht die Rechte anderer einschränken.

Ein Blick auf die Geschichte des Toleranzbegriffs macht den Wandel von vertikaler zu horizontaler Toleranz deutlich. Darüber hinaus lassen sich hieran die verschiedenen Toleranzkonzeptionen historisch aufzeigen.

3.1.1 Genealogie des Toleranzbegriffs

Der Begriff „Toleranz" wird zuerst 46 v.Chr. von Cicero erwähnt. Er verwendet den Begriff hier im Sinne eines schmerzlichen, leidvollen aber dennoch würdevollen Ertragens menschlicher Schicksale wie Schmerzen oder Ungerechtigkeit. Auch für Seneca bedeutet Toleranz das tapfere, stoische Ertragen von Schmerzen und Folter. Er sieht Toleranz als Teil dieser Tapferkeit und somit als Teil einer der Kardinaltugenden an (vgl. Forst 2012, S.54f.). Toleranz ist in ihrer frühesten Bedeutung demnach Ausdruck eines würdevollen, tugendhaften Verhaltens, welches sich allerdings nicht auf andere, sondern auf sich selbst als Zeichen von besonderer innerer Stärke und Aushaltevermögen bezieht. Forst bezeichnet dieses Toleranzverständnis als „Ethik der Selbstbeherrschung" (vgl. ebd.). In der Bibel erlangt Toleranz im Sinne eines Erduldens dann darüber hinaus eine interindividuelle Bedeutung und wird im Zusammenhang mit Liebe, nicht mehr mit Schmerz, erwähnt, denn „[d]ie Liebe (...) verträgt alles, sie glaubet alles, sie hoffet alles, sie duldet alles" (1. Kor. 13, 4; vgl. Forst 2012, S.55).

Toleranz wird ebenfalls 313 n.Chr. in der Mailänder Vereinbarung[17] genannt, in der die römischen Kaiser Konstantin I. und Lucinius

> (...) den Erlaß jener Verordnungen beschlossen, die sich auf die Achtung und Ehre und des Göttlichen beziehen, um den Christen und allen Menschen freie Wahl zu geben, der Religion zu folgen, welcher immer sie wollten. (...) Es geschah dies in der Absicht, daß jede Gottheit und jede himmlische Macht, die es je gibt, uns und allen, die unter unserer Herrschaft leben, gnädig sein möge. (Edikt von Mailand, zit. nach: Forst 2012, S.68)

Toleranz geht hiermit eindeutig über eine bloße Duldung hinaus. Die eigene Religion wird nicht als die einzig Richtige postuliert, sondern die Existenz anderer Götter für ebenso möglich und legitim erklärt. Das Edikt wurde jedoch 380 n.

17 Die Mailänder Vereinbarung ist auch geläufig unter der Bezeichnung „Toleranzedikt von Mailand". Es handelte sich hierbei allerdings um eine Übereinkunft zwischen den römischen Kaisern Konstantin I. und Lucinius und nicht um eine reichsweite, öffentliche Bekanntmachung, was ein Edikt darstellen würde.

Chr. durch das Edikt von Thessalonich wieder aufgehoben, das Christentum zur Staatsreligion erklärt und heidnische Kulte verboten (vgl. ebd.). Doch Toleranz entstand hiernach immer wieder aus der Notwendigkeit heraus, andere religiöse Praktiken und Glaubensrichtungen neben der eigenen, herrschenden Religion zu dulden, um ein friedliches Zusammenleben zu ermöglichen. Im Europa der frühen Neuzeit wurde Toleranz allerdings lediglich verschiedenen Auslegungen des Christentums gewährt, wie dem im Zuge der Reformation durch den Thesenanschlag Martin Luthers an der Kirche zu Wittenberg 1517 und durch Johannes Calvin aufkommenden Protestantismus. Das von Heinrich IV. unterzeichnete Edikt von Nantes von 1598 beendete die Religionskriege zwischen Katholiken und Protestanten, welche Frankreich zu spalten drohten. Es räumte den calvinistischen Hugenotten im katholischen Frankreich zwar religiöse Toleranz ein, erlaubte ihnen die Ausübung ihrer Religion allerdings nur in sehr engen Grenzen. Aus der Präambel des Edikts geht das übergeordnete Motiv des Königs hervor, nämlich die Rückkehr seiner „vorgeblich reformierten Untertanen" zur „wahren Religion" des Katholizismus durch die Schaffung eines grundsätzlichen Fundaments von Einheit und Einigkeit auf Grundlage einer katholischen Staatsreligion. Durch die Bezeichnung „vorgeblich reformierte Religion" („religion prétendue réformée"; Édit de Nantes, S.2) wurde den Protestanten ein eher fragwürdiger Status zugesprochen. Hugenotten wurden zwar nun nicht mehr verfolgt und sie erhielten gleiche Staatsbürgerrechte, dennoch waren sie als Protestanten immer noch nur Staatsbürger zweiter Klasse. Auch die „Toleranzpatente" des deutschen Kaisers Joseph II. von 1781 erlaubten es den drei christlichen Minderheitskonfessionen (den Lutheranern, den Reformierten und den Griechisch-Orthodoxen) in den Habsburger Erbländern zwar, ihre Religion auszuüben, allerdings nur fast unsichtbar im Privaten, nicht öffentlich. So durften ihre Kirchen zum Beispiel weder Glocken haben noch von der Straße aus betreten werden, ein sichtbarer Kircheneingang war untersagt. Mit dieser Form der Toleranz als religiöse Duldung erhoffte sich der Kaiser, treue Untertanen anstatt politischer Gegner zu gewinnen, denn Personen einen anderen Glauben aufzuzwingen sah er als sinnlos an (vgl. Forst 2011, S.5). Zudem, so konstatiert Forst, vermöge gleichmütige Duldsamkeit anderen Religionen gegenüber die eigene Religion umso mehr als attraktiv und letztlich als die wahre Religion erscheinen zu lassen (vgl. Forst 2012, S.57). In dieser Zeit war diese Art der Toleranz für die betroffenen Minderheiten zweifellos bereits ein Fortschritt, bedeutete sie doch das Ende der Verfolgung. Gleichwohl bewirkte Toleranz ihren Ausschluss aus der Gesellschaft trotz oberflächlicher Inklusion. Durch die Macht der Tolerierenden, die sich aus der Duldung ergibt, wurde den Tolerierten darüber hinaus ein höheres Maß an Loyalität abverlangt, da sie von dem Schutz der Duldenden abhängig waren (vgl. ebd., S.4). Duldende Toleranz stellte insofern ein Instrument der Politik dar, welches die vorherrschenden Machtverhältnisse untermauerte und die bestehenden Unterschiede gerade durch das Verbergen hervorhob. Die nicht zu leugnende Existenz von Minderheiten konnte so mittels Toleranz zur Stabilisierung der gesellschaftlichen Normalität beitragen.

3.1.2 Toleranz in der Philosophie: Liberalismus[18]

In der Philosophie kam dem Toleranzbegriff vor allem seit der Neuzeit große Aufmerksamkeit zu. Die Legitimität des Staates wurde in Vertragstheorien auf die Staatsbürger bezogen und das Individuum gewann an Bedeutung. In seiner staatstheoretischen Schrift „Leviathan" von 1651 untersuchte Thomas Hobbes den Menschen und den Staat und das Verhältnis, in dem sie zueinander stehen, um zu ergründen, was die Gemeinschaft, die einen Staat begründet, zusammenhält. Im Kontext der zur Entstehung des „Leviathan" stattfindenden Religionskriege wird auch der Einfluss der katholischen Kirche auf das Recht und das individuelle Gewissen kritisch erörtert. Ausgehend von einem Naturzustand, in dem die Menschen egoistisch und unsozial ihrer Bedürfnisbefriedigung und ihrem Selbsterhalt nachstreben, jedoch dabei in ständiger Furcht vor anderen und dem Tod leben müssen (vgl. Hobbes: De Cive, S.45), übernimmt ein übermächtiger, absolutistischer Souverän in Gestalt des Leviathan den Schutz seiner Untertanen. Dieser gewährleistet, dass Gesetze eingehalten werden und stellt deren Nichtbeachtung unter Strafe. Im Tausch für die Freiheit im Naturzustand erhalten die Menschen Sicherheit, welches durch einen Gesellschaftsvertrag legitimiert wird. Durch diesen Vertrag wird der Wille aller einzelnen zu einem Gesamtwillen; in diesem Staat verfügen die Menschen über positive Rechte, die nicht auf Religion, Standeszugehörigkeit oder Geburtsrecht gründen, sondern der staatlichen Herrschaft unterliegen. Toleranz ist für den Souverän allerdings hier nur für die Auswirkungen auf die Sicherheit von Relevanz. Da er nicht auf Seiten einer Konfliktpartei steht, insofern ein Bürgerkrieg mit der Duldung religiöser Prakti-

---

18 Die Zusammenstellung der philosophischen Positionen erfolgte systematisch und ohne einen Anspruch auf historische Vollständigkeit. Die aufgeführten Philosophen werden dabei bewusst selektiv ausgewertet.

ken im Privaten abgewendet werden kann, ist diese Form der Toleranz Teil eines Kalküls und keine gebotene Grundeinstellung (vgl. Hastedt 2012, S.42).

In der Vertragstheorie von John Locke hingegen werden den Menschen individuelle Rechte als Gegengewicht zum Staat zugesprochen. In seinem Werk „Two Treatises of Government" von 1689 begründet Locke, warum die Macht des Herrschenden eingeschränkt sein soll und die höchste legitime Gewalt nicht allein in der Person des Herrschers, sondern in der Gesamtheit der Gesetze, die er repräsentiert, besteht. In der zweiten Abhandlung („Of Civil Government") erörtert er zentrale Begriffe wie Freiheit, Gleichheit und Unverletzlichkeit der Person und des Eigentums, welche er als höchste Rechtsgüter ansieht. Locke begründet diese mit dem für alle Menschen gleichermaßen geltenden, aus der Bibel abgeleiteten und auf der Schöpfung beruhenden Naturrecht. Hieraus ergeben sich rationale und logische Konsequenzen sowohl für den Staat, als auch für die Gesellschaft, welche Toleranz implizieren:

> (…) Sie sind [Gottes] Eigentum, da sie sein Werk sind, und er hat sie geschaffen, so lange zu bestehen, wie es ihm, nicht aber wie es ihnen untereinander gefällt. Und da sie alle mit den gleichen Fähigkeiten versehen wurden und alle zur Gemeinschaft der Natur gehören, so kann unter uns auch keine *Rangordnung* angenommen werden, die uns dazu ermächtigt, einander zu vernichten, als wären wir einzig zum Nutzen des anderen geschaffen, so wie die untergeordneten Lebewesen zu unserem Nutzen geschaffen sind. Wie ein jeder *verpflichtet ist*, sich selbst zu erhalten und seinen Platz nicht vorsätzlich zu verlassen, so sollte er aus dem gleichen Grunde, und wenn seine eigene Selbsterhaltung nicht dabei auf dem Spiel steht, nach Möglichkeit auch *die übrige Menschheit erhalten.* Er sollte nicht das Leben eines anderen oder, was zur Erhaltung des Lebens dient: Freiheit, Gesundheit, Glieder oder Güter wegnehmen oder verringern, - es sei denn, daß an einem Verbrecher Gerechtigkeit geübt werden soll. (Locke: Zwei Abhandlungen über die Regierung, S.203 [§6])

Eingriffe des Staates in das Leben seiner Bürger werden in dieser Vertragstheorie demnach nur in wenigen, streng definierten Ausnahmefällen zugelassen. Allerdings schließt Locke Toleranz denjenigen gegenüber aus, deren Meinungen im Widerspruch mit der Erhaltung der bürgerlichen Gesellschaft stünden und diese damit gefährden würden. Der Staat dürfe eine Infragestellung seiner Regeln und Werte nicht dulden. Insofern kommt die aus Lockes Vertragstheorie abgeleitete Toleranz nur den Anhängern der staatsbegründenden Konfession, in diesem Fall dem Protestantismus, zugute, da er Atheisten und Katholiken mangelnde Loyalität dem protestantischem Herrscher gegenüber unterstellt (vgl. Hastedt 2012, S.43). Toleranz sind hier noch enge Grenzen gesetzt.

Im politischen Liberalismus, welcher auf der Vertragstheorie und den Naturrechten gründet, ist der Begriff der Freiheit, etwa Glaubens- und Meinungsfreiheit, als Grundwert jeder menschlichen Gesellschaft von zentraler Bedeutung. Sie endet erst dort, wo die Freiheit anderer Individuen gestört wird. Politische Herrschaft wird der Vertragstheorie John Lockes gemäß durch diese zu wahrende und zu schützende Freiheit des Individuums begrenzt. Ihre Aufgabe ist es vorrangig, die Freiheit der Individuen unter anderem durch Grundrechte, Verfassung und das staatliche Gewaltmonopol vor Gewalt und Zwang (auch von staatlicher Seite) zu schützen. Vor dem Hintergrund der individuellen Freiheit kommt Toleranz eine besondere Bedeutung zu, da intolerante Reaktionen diese individuelle Freiheit einzuschränken drohen (vgl. Hastedt 2012, S.44). Gerechtigkeit, welche nach liberalistischer Auffassung aus der Gleichheit der Bürger zwingend hervorgehen muss, wird dabei auf der institutionellen, öffentlichen Ebene in Form positiven Rechts verortet. Forst konstatiert allerdings, dass die im frühen Liberalismus aus dem Naturrecht abgeleiteten Begriffe „Gleichheit" und „Freiheit" durch Gott begründet werden, Toleranz in diesem Kontext insofern nicht im Sinne einer „vollständigen ethischen Autonomie, seine ‚je eigene Konzeption des guten Lebens' selbst zu finden und nach ihr zu leben" (Forst 2012, S.225) verstanden werden kann. Für Forst stellt der Liberalismus nicht den Ausgangspunkt des Toleranzkonzeptes dar, sondern vielmehr umgekehrt die Toleranz als Ursprung für den aufkommenden Liberalismus (vgl. ebd., S.224). Dennoch ist der Liberalismus ein entscheidender Wegbereiter für den modernen Toleranzdiskurs, da im Zuge dieses neuen Denkens Verfassungen konstituiert und Menschenrechte festgeschrieben wurden, auf denen heutzutage demokratische Staaten gründen.

Für Mill ist nicht nur vertikale Toleranz als Schutz der individuellen Freiheit des Bürgers durch den und vor dem Staat, sondern insbesondere der Schutz der Gedanken- und Meinungsfreiheit in Form von vertikaler und horizontaler Toleranz notwendig. Für Mill besteht nicht nur die Gefahr einer Tyrannei durch den Staat, sondern ebenso einer Tyrannei der Massen, welche ihm zufolge den demokratischen, liberalen Staat begründen, und vor der die Gesellschaft sich in Acht nehmen müsse:

> The will of the people, moreover, practically means, the will of the most numerous or the most active *part* of the people; the majority, or those

> who succeed in making themselves accepted as the majority; the people, consequently, *may* desire to oppress a part of their number; and precautions are as much needed against this, as against any other abuse of power. (...) and in political speculations 'the tyranny of the majority' is now generally included among the evils against which society requires to be on its guard. (...) But reflecting persons perceived that when society is itself the tyrant - society collectively, over the separate individuals who compose it - its means of tyrannizing are not restricted to the acts which it may do by the hands of its political functionaries. (Mill: On Liberty [OL], S.2f.)

Mill fordert unbedingte Freiheit der Gedanken und Ansichten und sieht Gedanken- und Meinungsfreiheit als untrennbar voneinander an (vgl. ebd., S.7). Ein Staat, der andere Meinungen unterdrückt, maße sich an, unfehlbar und in Besitz der Wahrheit zu sein. Der Konformismus von Meinungen hindere Individuen an der Möglichkeit, Fehler zu erkennen und daran zu wachsen. Durch die Freiheit des Geistes, der Gedanken und Meinungen profitieren alle von der Konfrontation mit abweichenden Meinungen: Entweder, indem der eigene Fehler erkannt wird oder die Richtigkeit der eigenen Ansichten in einem umso besseren Licht erscheint (vgl. ebd., S.10). Andere Einstellungen seien darum zu tolerieren: sofern sie nicht direkten Schaden in Form von aktiven Handlungen oder dem Aufruf zu solchen verursachen würden, dürfe der Staat keine Sanktionsgewalt besitzen (vgl. ebd., S.6). Solange niemandem Schaden zuteilwürde, solle jeder Mensch die Freiheit haben, das zu tun, was ihm beliebt und woran er glaubt[19]. Dieser Argumentation zufolge kommt Toleranz beiden Seiten zugute: Für den Tolerierten bedeutet sie Freiheit, für den Tolerierenden eine Vervollkommnung und Überwindung von Irrtümern und Einseitigkeiten. Dies unterscheidet Mill deutlich von Locke, der den Staat in der Pflicht sieht, divergierende Ansichten nicht zu dulden, da diese seine Grundfeste erschüttern könnten.

Die Aufklärung mit Immanuel Kant als ihrem wichtigsten Vertreter und die Anerkennung des Menschen als vernunftbegabtes Individuum führte unter anderem durch den kategorischen Imperativ und den Essay „Zum ewigen Frieden" zu

---

19 Obgleich sehr viel toleranter in seinen Ansichten sieht Mill allerdings Einschränkungen vor. So dürfe der Staat die Freiheit von Individuen bei unterentwickelten Rassen durchaus einschränken („we may leave out of consideration those backward states of society in which the race itself may be considered as in its nonage." Mill OL, S.19).

Universalismus und Weltbürgertum, so dass Toleranz nicht mehr von oben nach unten, sondern horizontal, d.i. von Individuum zu Individuum, praktiziert wurde. Die Vernunft wurde zur Grundlage der Respektierung der Menschen untereinander. Hierauf gründet die kantische Ethik der Personalität, welche allen Menschen die gleichen Freiheitsrechte einräumt. Jeder Mensch habe zunächst die moralische Verpflichtung, als Person die Persönlichkeit des anderen mit all seinen Eigenarten zu akzeptieren (vgl. Becker 1996 [AuT], S.3). Individuelle Eigenarten sollen nicht mehr Grundlage für Ausgrenzung und Ablehnung sein. Entscheidend ist, inwiefern sie Auswirkung haben auf das wesentliche gesellschaftliche Miteinander. Gerade vor dem Hintergrund des aktuellen Diskurses um die Implementierung sexueller Vielfalt im Schulsystem, d.h. sowohl auf personaler als auch auf struktureller und institutioneller Ebene ist dieser Punkt von großer Bedeutung. Hieran zeigt sich, dass sich die Begrifflichkeit kaum geändert zu haben scheint. Während Toleranz zwar kein in der Verfassung verankertes Grundrecht darstellt, stellt sie doch eine Norm dar; Intoleranz und Diskriminierung ist demnach zu vermeiden und zu bekämpfen. Gleichwohl aber trägt die unterschiedliche Auslegung des Begriffs dazu bei, dass Diskriminierung nicht als solche angesehen wird und Intoleranz sogar als benevolent ausgelegt werden kann[20]. Die Existenz von LSBTTI-Personen kann zwar nicht geleugnet, sondern muss notwendig geduldet werden. Sexuelle Vielfalt soll aber weiterhin nicht „normal“ sein und darum nicht Bestandteil schulischer Aufklärung werden. Diese Einstellung widerspricht allerdings dem Toleranzideal, wie es z.B. die UNESCO 1995 formulierte. Im Folgenden werden darum verschiedene Konzeptionen der Toleranz nach Forst erörtert, um zu verdeutlichen, welche unterschiedlichen Implikationen hieraus resultieren.

3.2 Aushalten oder Anerkennen? Konzeptionen der Toleranz nach Forst

Toleranz als Duldung zu verstehen, impliziert ein widerwilliges Aushalten, weil unter den gegebenen Umständen kein anderes Verhalten möglich ist. In ihrem Beitrag zum Toleranzbegriff „Reflexionen über Toleranz im Zeitalter der Identität“ leitet Brown aus der im Oxford English Dictionary von 1971 nachzulesenden Definition von Toleranz ab, dass das Erduldete zwar nicht gerne ertragen

---

20 So lautet ein Argument gegen sexuelle Vielfalt im Unterricht, dass hierdurch sexuelle Minderheiten angreifbar gemacht würden (vgl. ZVL).

werde, es aber, wenngleich abhängig von der jeweiligen gesellschaftlichen Position, im eigenen Ermessen liege, ob und in welchem Ausmaß man sich selber etwas zuzumuten bereit sei (vgl. Brown 2000, S.263). In dieser Interpretation des Toleranzbegriffs liegt keine Anerkennung oder Wertschätzung, sondern Überwindung und Zumutung, welche implizieren, dass das Tolerierte nicht gleichwertig oder schätzenswert ist, sondern eigentlich nicht gebilligt wird. Außerdem enthält sie ein Moment der eigenen Entscheidung oder der Willkür. Toleranz hat hier also keinen normativen Charakter.

Sowohl Kant als auch Goethe lehnten den Begriff der Toleranz aufgrund seines Duldungs-Charakters ab. So schrieb Goethe in seinen „Maximen und Reflexionen“: „Toleranz sollte eigentlich nur eine vorübergehende Gesinnung sein: Sie muß zu Anerkennung führen. Dulden heißt beleidigen“ (S.385). Forst zeigt vier verschiedene Konzeptionen der Toleranz auf. Allen gemein sind die für den Begriff der Toleranz notwendigen drei Komponenten Ablehnung, Akzeptanz und Zurückweisung (vgl. Forst 2011, S.2). Ohne Ablehnung ist Toleranz obsolet, da dann entweder Gleichgültigkeit, Indifferenz oder Bejahung vorlägen. Verspricht die Duldung, das Ertragen oder das Aushalten des eigentlich Abgelehnten einen Vorteil, überwiege die Komponente der Akzeptanz(vgl. Forst 2000, S.121). In dem oben genannten historischen Beispiel besteht der Grund für Toleranz im Frieden und im Ende eines Blutvergießens, welches auf beiden Seiten Opfer gefordert hat, und damit einhergehend in einer Festigung der eigenen Herrschaftsansprüche. Der Opponent wird nicht mehr bekämpft, sondern durch vermeintlich tolerante Zugeständnisse zum Untertan gemacht. Der Verzicht einer Verfolgung der Dissidenten bzw. des Abgelehnten erfolgt demgemäß allein aus pragmatischen Gründen, z.B., weil die Verfolgung zu kostspielig ist und zu große Opfer auf der eigenen Seite fordert, oder aber auch aus prinzipiellen Gründen, welche allerdings, wie im Falle der „Toleranzpatente“, ebenfalls dem eigenen Vorteil dienten. Diese Art der vertikalen Toleranz nennt Forst „Erlaubnis-Konzeption“. Dort, wo Toleranzgründe nicht überwiegen, bestünden gleichzeitig basierend auf Zurückweisungsgründen die Grenzen der Toleranz. Überwiegen Gründe, die gegen eine Ablehnung sprechen, spricht Forst von Akzeptanzgründen; Gründe, welche diese wiederum ausstechen, sind die Zurückweisungsgründe. Toleranz beinhaltet durch diese Grenzen aber sogleich Intoleranz: was außerhalb der Grenzen des Tolerierbaren liegt, wird nicht geduldet (vgl. Brockhaus 1871).

Im Kern ähnlich ist die sogenannte „Koexistenz-Konzeption“. Hier dient Toleranz ebenso als Mittel zur Verfolgung eigener Vorteile, nur nicht mehr auf institutioneller Ebene, sondern horizontal auf der zwischenmenschlichen, individuellen Ebene. Toleranz wird hierbei von der Einsicht begleitet, dass eine friedliche Koexistenz im Sinne eines erträglichen Zusammenlebens im eigenen Interesse dem Konflikt vorzuziehen ist (vgl. ebd., S.125) und basiert auf gegenseitigen Zugeständnissen. Somit hat die Koexistenz-Konzeption qualitativen, nicht mehr quantitativen Charakter. Ein weiterer Unterschied besteht in der Mutualität, da beide Seiten die Rolle des Tolerierenden und des Tolerierten innehaben. Allerdings ist dieses Verhältnis instabil. Verschieben sich die Machtverhältnisse, wird die Notwendigkeit von Toleranz als friedensstiftendes Instrument obsolet. Selbst, wenn sich die Machtverhältnisse aufgrund eines neutralen Staatsoberhauptes, welches seinen Bürgern einen von allen Parteien akzeptierten Rechtszustand garantiert, nicht derart verschieben können, sei Toleranz dennoch rationalnormativ (vgl. Forst 2000, S.126f.).

Toleranz nur zum eigenen Vorteil zu gewähren, entspricht nicht dem Prinzip der gegenseitigen Achtung und Anerkennung. Sie ist in diesem Fall weder universal noch von Dauer, sondern vielmehr Mittel zum Zweck. Es handelt sich nicht um eine tugendhafte Geisteshaltung, in der der Andere im Sinne einer Ethik der Personalität um seiner Selbst und um seiner Menschlichkeit Willen, sondern aus pragmatischen, opportunistischen Motiven toleriert wird, die jederzeit zurückgenommen werden können. In beiden Konzeptionen stellt tolerantes Handeln keinen eigenen moralischen Wert dar, sondern bedarf zu seiner Legitimation eines übergeordneten Motivs.

Als Drittes benennt Forst die Respekts-Konzeption, welcher das Prinzip der Gleichheit zugrunde liegt. Da sie eine gegenseitige Achtung der Menschen als autonome, gleichberechtigte Individuen voraussetzt, gleicht diese Form der Toleranz der Kantischen Ethik der Personalität. Hier erfolgt die gegenseitige Anerkennung aufgrund der Tatsache, dass jeder Mensch ein autonomes Wesen und im liberalistischen Sinn seines Glückes eigener Schmied ist, oder weil alle Menschen gewissermaßen ethisch neutral, d.h. moralisch und rechtlich gleichgestellt sind und jegliche Normen somit nicht zwischen verschiedenen „ethischen Gemeinschaften“ differenzieren (vgl. ebd., S.127f.).

Innerhalb dieser Konzeption unterscheidet Forst zwischen dem Modell der formalen und der qualitativen Gleichheit. Formale Gleichheit bezieht sich dabei allein auf das Öffentliche und die normativen Regelungen, welche diese beeinflussen. Der Mensch steht in dieser Betrachtung als Bürger mit bürgerlichen Rechten im Vordergrund. Formale Gleichheit wird auch in unserer Verfassung festgeschrieben; so sind laut Art. 3 des Grundgesetzes „Alle Menschen [sind] vor dem Gesetz gleich." (Art. 3(1) GG) Verschiedenheit, etwa aufgrund des Geschlechtes, der Abstammung, der Rasse, der Herkunft oder des Glaubens etc. (vgl. Art. 3(2) GG), existiert somit formal nur im Privaten und soll keine Auswirkungen haben auf die Rechte, Chancen und Behandlung der Menschen im öffentlichen Leben[21]. Diese Sicht birgt allerdings Probleme, denn es werden damit diejenigen Menschen diskriminiert, deren individuellen Differenzen nicht nur im Privaten existieren, sondern sich persönlichkeits- und identitätskonstituierend auswirken und somit von existentieller Bedeutung für sie sind (vgl. Forst 2000, S.129). Auch von moralischer Seite ist diese Trennung von Privatem und Öffentlichem brisant, da die normativen Maßstäbe des Öffentlichen ebenso im Privaten gelten und durch die Öffentlichkeit in vielen Fällen dem Ausleben im Privaten erst ein Raum geschaffen wird. So findet ein signifikanter Teil der Sozialisierung, aber auch der Identitätsfindung im öffentlichen, schulischen Bereich statt (vgl. Kapitel 5). Normen und Werte, gesellschaftliche Erwartungen und Rollenbilder werden hier vermittelt (zum Beispiel durch das Verhalten von Bezugspersonen, Lehrer/n_innen oder durch Schulbücher; vgl. 6.2 und 6.3.2) und beeinflussen so erheblich das Privatleben und die Psyche von als „ungleich" und „anders" wahrgenommenen Personen (vgl. hierzu Abschnitt 5.2.1).

Das zweite Modell der Respekts-Konzeption, die qualitative Gleichheit, trägt dieser Problematik Rechnung, indem es Individuen ein besonderes Maß an Toleranz und Respekt einräumt, deren Unterschiedlichkeit sich auswirken könnte auf ihre formalen Rechte und Chancen. Als Konsequenz hiervon müssten im Rahmen wechselseitigen Respekts Ausnahmen und Änderungen von Regeln vorgenommen werden, um „den Anspruch anderer auf vollwertige Mitgliedschaft in der politischen Gemeinschaft anzuerkennen, ohne zu verlangen, dass sie dazu ihre ethisch-kulturelle Identität in einem reziprok nicht forderbaren Maße aufgeben müssen" (vgl. Forst 2000, S.129).

In der über diese Auffassung hinaus gehenden Wertschätzungs-Konzeption werden von den eigenen Überzeugungen und Praktiken abweichende Weltanschauungen und Lebensformen nicht nur respektiert, sondern auch als ethisch wertvoll geschätzt. Das Moment des Respekts wird hier ergänzt durch das Moment der Anerkennung. Dies bedeutet allerdings nicht, die fremde Position als besser an-

21 Sexuelle Identität wird in Art. 3 GG nicht erwähnt. Entsprechende Anträge wurden bereits mehrfach, zuletzt 2011, abgelehnt.

zuerkennen und seinen eigenen Standpunkt aufzugeben. Einige Aspekte der Verschiedenheit werden als wertvoll angesehen, während andere trotzdem weiterhin abgelehnt werden können. Insofern widerspricht die Wertschätzungs-Konzeption keineswegs der Auffassung Hastedts, dass Wertschätzung nicht mit dem Begriff der Toleranz vereinbar sei. Vielmehr kommt es auf den Grad der Wertschätzung und der Zustimmung an, der vorliegt.

Die Differenzierung zwischen verschiedenen Aspekten der Andersheit bedeutet außerdem, Individuen mit einer abweichenden Anschauung nicht holistisch betrachtend per se aufgrund einer Reduktion auf bestehende Differenzen zu verurteilen. So fordert die Wertschätzungs-Konzeption indirekt dazu auf, Individuen als Inhaber multipler Fähigkeiten und Eigenschaften zu sehen. Durch die Auseinandersetzung mit dem Fremden werden zugleich Stereotype und Vorurteile reflektiert und bestehende Gemeinsamkeiten erkannt. Vor diesem Hintergrund wird Toleranz im Sinne der Wertschätzungs-Konzeption zu einem Vorteil für beide Seiten: Zum einen wird der Tolerierte integriert und es wird ihm Interesse entgegen gebracht, wodurch eine Beziehung zwischen den Menschen innerhalb einer Gesellschaft entsteht. Zum anderen dient diese Konzeption indirekt auch der Selbstwahrnehmung und der kritischen Selbstreflexion und kann als eine Möglichkeit der Horizonterweiterung gesehen werden. Das Schwarz-Weiß-Denken wird überwunden, es werden auch Grautöne wahrgenommen. Becker bezeichnet dies als „Überwindung des Manichäismus“ und „als Vorbedingung der Toleranz“ (vgl. Becker 1996 [NüT], S.119). In der Schule kann dies besonders und nachhaltig dazu beitragen, dass Vorurteile abgebaut werden und hierauf gründende Diskriminierungen abnehmen (vgl. 4.3).

3.2.1 Norm oder Tugend?

Für das friedliche Zusammenleben der Bürger ist Toleranz eine unverzichtbare Voraussetzung. Seit der „Erklärung zu den Prinzipien der Toleranz“ durch die UNESCO 1995 wird jährlich am 16. November dieses Aktes gedacht, bei dem 185 Staaten auf Toleranz gründende Regeln verabschiedeten, welche das friedliche Zusammenleben unterschiedlicher Kulturen und Religionen unter Achtung der Menschenrechte und der Menschenwürde ermöglichen sollen. „Toleranz“ wird vor diesem Hintergrund immer häufiger verwendet. Im Zuge des Wertepluralismus multikultureller moderner Gesellschaften erwächst aus der Freiheit des Andersseins eine erhebliche Vielfalt an Weltanschauungen, religiösen Werten und Lebensformen, die immer wieder Konflikte aufkommen lässt. Durch die im

Grundgesetz festgelegte Religionsfreiheit, das Diskriminierungsverbot und die staatliche Neutralitätsverpflichtung wird einerseits dem Staat Toleranz abverlangt, andererseits verlangt der Staat durch seine Gesetzgebung auch Toleranz von seinen Bürgern untereinander. Die normativen Maßstäbe des Staates beeinflussen so auch die normativen Maßstäbe seiner Bürger im Umgang miteinander.

Für Martha Nussbaum kohärieren die vier Begriffe „Toleranz", „Demokratie", „Vielfalt" und „Freiheit" (vgl. Hastedt 2012, S.58). Zwar teilt sie den Universalismus des Liberalismus (vgl. 3.3.1), doch gehen für sie Liberalismus und Rechtspositivismus nicht weit genug, um zu einem toleranten Miteinander zu führen. Normen könnten lediglich das Zusammenleben der Menschen durch Maßgaben und Sanktionen bei Zuwiderhandlungen regeln, beruhen aber auf generalisierenden Sichtweisen, welche die vielfältigen Lebenssituationen (hierbei bezieht sie sich insbesondere auf die Situation von Frauen) unberücksichtigt ließen. So sei der „Schleier des Nichtwissens"[22] in John Rawls' „Eine Theorie der Gerechtigkeit" um die Geschlechtszugehörigkeit zu erweitern (vgl. Hastedt 2012, S.58; siehe hierzu auch Kapitel 7). Das Bestehen von Gesetzen und institutionellen Regelungen sei darüber hinaus abhängig von den Einstellungen der Menschen, denn nur durch ihre Verinnerlichung könnten sie als ethische und moralische Orientierung von Bestand sein und dazu führen, dass der Fremde auch als Mensch wahrgenommen würde (vgl. Nussbaum 2000, S.154). Nussbaum stellt fest, dass „[d]ie Menschen [dazu] neigen (…), sich vor dem Unbekannten zu fürchten und das zu verunglimpfen, wovor sie sich fürchten" (ebd., S.147). Daraus folgt, dass erst eine tolerante *Einstellung* eine tolerante, auf Mitleid und Gnade gründende Handlung ermöglicht. Ohne eine aktive Auseinandersetzung, welche zu einer solchen Einstellung beiträgt, würde ein stures Befolgen von vermeintlich toleranzbejahenden Gesetzen „bloß zu einem indifferenten Nebeneinander" führen (vgl. Hastedt 2012, S.59). Demzufolge ist in einem liberalen, demokratischen Staat Toleranz mehr als eine verbindliche Norm; sie muss gleichzeitig eine Tugend sein, um nicht zu einem leeren, unreflektierten Lippenbekenntnis „als eine[r] Art lieblosen

22 Der „Schleier des Nichtwissens" („veil of ignorance"; vgl. Rawls 1996, §24) bezeichnet den Zustand von Menschen in einer fiktiven Entscheidungssituation, in der sie nichts über ihre zukünftige Position innerhalb der Gesellschaft, über deren Ordnung sie zu befinden haben, wissen. Sie sind nicht in Kenntnis ihrer sozialen Position, Klasse, ihres Alters oder Ethnizität und somit gezwungen, zu einer für alle gerechte Gesellschaftsordnung, und nicht zu ihren alleinigen Gunsten zu entscheiden.

Lebens und Leben-Lassens“ (Nussbaum 2000, S.160) zu werden[23]. Nussbaum plädiert darum für eine „Erziehung des Herzens und des Vorstellungsvermögens“, welche über die formale, normative Ebene hinausgeht, damit diese überhaupt fortbestehen könne (ebd., S.147). Eine Kenntnis der Normen ist hierfür zwar vorauszusetzen, doch ist ein Toleranzgebot nicht ausreichend, um über die institutionelle Ebene hinaus auch das gesellschaftliche, zwischenmenschliche, familiäre Zusammenleben derart zu gestalten, dass Diskriminierungen vermieden, wenigstens aber auf ein Minimum reduziert werden. Toleranz als Norm kann somit lediglich als eine Minimalvoraussetzung angesehen werden (vgl. 4.3). Lehrkräften kommt vor diesem Hintergrund eine besondere Bedeutung zu (vgl. Fend 2008, S.111f.; Schick 2012, S.45), welche in den Abschnitten 5.1.1 und 6.2 im Kontext am Beispiel von LSBTTI erläutert wird.

3.2.2 Grenzenlose Toleranz oder Intoleranz der Intoleranz?

Aus einem Eintrag im *Brockhaus* werden die damaligen Grenzen der Toleranz bereits in ihrer Definition ersichtlich:

> Die Toleranz kann sich deshalb nur auf die Bekenner der christlichen Confessionen und die Anhänger der verschiedenen Sekten erstrecken, da mit der religiösen Duldung nichtchristlicher Religionen der Staat die Eigenschaft eines christlichen verlieren würde. (Brockhaus 1841, S.447f.)

Toleranz war demnach ebenfalls mit der Furcht vor Unterminierung und dem Verlust der eigenen Position verbunden. Sie fand ihre festen Grenzen dort, wo die hegemoniale Stellung der eigenen Lebensweise bzw. Religion bedroht wurde, und das Tolerierte war seinerseits klar zu differenzieren von der eigenen Position.

In der heutigen multikulturellen und demokratischen Gesellschaft ist Toleranz als „Geist der wechselseitigen Anerkennung“ (Becker 1996 [AuT], S.7) mehr denn je zu einem zentralen Begriff geworden. Angesichts der vielen verschiedenen Toleranzkonzeptionen ist dies allerdings kein hinreichendes Indiz für eine tolerante Gesellschaft. Ein Blick auf die Etymologie und Genealogie des Begriffes bringt keine abschließende Klarheit darüber, welches Toleranzverständnis in unserer Gesellschaft vorherrscht. Je nach Kontext kann Toleranz lediglich duldenden Charakters sein, etwa, wenn NPD-Mitglieder gegen die Einwanderungspolitik demonstrieren. Auch, wenn seit vielen Jahren versucht wird, die rechtsextreme

23 Vgl hierzu auch Sinus 2008, S.87.

Partei zu verbieten, muss sie dennoch aus rechtlichen Gründen toleriert werden. Doch beinhaltet diese Form der Toleranz sicherlich, zumindest überwiegend, keine Anerkennung oder Wertschätzung. Auch die Respekts-Konzeption greift hier aufgrund der fehlenden Gegenseitigkeit nicht, denn in den Augen der Rechten sind nicht alle Menschen ethisch neutral, moralisch und politisch gleichwertig und gleichberechtigt. Sie fordern ihrerseits zwar die Toleranz ihrer Gesellschaft ein und beanspruchen nicht nur formale, sondern auch qualitative Gleichheit, profitieren also von der Toleranz innerhalb der Gesellschaft, propagieren aber gleichzeitig Intoleranz. Toleranz ist in diesem Fall von beiden Seiten keine Tugend. Auch, wenn sie allgemein als normativer und intrinsischer Wert angesehen werden sollte, entspricht sie hier allenfalls einem Mittel im Rahmen der Erlaubnis- oder der Koexistenz-Konzeption: Man würde den Aufmarsch eigentlich lieber untersagen, wenn man dürfte und die politisch Rechtsstehenden würden ihrerseits andere Weltanschauungen verbieten oder abschaffen, wenn sie dies könnten.

Popper bezeichnet diese Problematik als das „Paradoxon der Toleranz". Toleranz müsse dort enden, wo die tolerante, offene Gesellschaft gefährdet ist und drohe, von einer intoleranten, verschlossenen Gesellschaft abgelöst zu werden:

> Uneingeschränkte Toleranz führt mit Notwendigkeit zum Verschwinden der Toleranz. Denn wenn wir die uneingeschränkte Toleranz sogar auf die Intoleranten ausdehnen, wenn wir nicht bereit sind, eine tolerante Gesellschaftsordnung gegen die Angriffe der Intoleranz zu verteidigen, dann werden die Toleranten vernichtet werden und die Toleranz mit ihnen. (Popper 1970, S.359)

Eine grenzenlose Toleranz könne es diesem Zitat zufolge nicht geben. Toleranz in obigem Sinne wäre damit allerdings ad absurdum geführt, denn die Aussage birgt den Widerspruch, dass Toleranz Intoleranz erfordert, um fortbestehen zu können. Kelsen hingegen konstatiert, dass abweichende religiöse oder politische Anschauungen im Sinne seiner Toleranzauffassung wohlwollend aufgenommen werden sollten, und zwar insbesondere gerade *weil* man diese nicht teilt (vgl. Kelsen 2000, S.50; Forst 2000, S.16). Friedliche Äußerungen Andersdenkender sollten seiner relativistischen Wertlehre nach nicht eingeschränkt werden, denn diese lehnt die Anerkennung absoluter Werte ab. Die Relativität von Werten bedeute, „daß das Urteil, mit dem etwas für gerecht erklärt wird, niemals mit dem Anspruch auftreten kann, die Möglichkeit eines gegenteiligen Werturteils auszuschließen" (Kelsen 2000, S.49). Für ihn bedeute Toleranz Gedankenfreiheit (vgl.

ebd.; siehe hierzu auch Hastedt 2012, S.48), was demnach auch allgemein für Gegner der Toleranz oder für lediglich in bestimmten Fällen intolerante Menschen gilt. Zweifellos muss es also einerseits Grenzen der Toleranz geben, welche andererseits aber die Bedeutung von Toleranz nicht unterminieren.

Damit Toleranz nicht zu einem paradoxen Begriff wird, müssten ihre Grenzen auf eine wechselseitig zu rechtfertigende, nachvollziehbare und allgemeingültige, nicht willkürliche Weise gesetzt werden (vgl. Forst 2000, S.122). Wechselseitig bedeutet dabei, dass man nicht von anderen erwartet, was man selbst nicht zuzugestehen bereit ist und dass eigene Perspektiven oder Werte und Anliegen anderen nicht einfach in paternalistischer, subjektiv vielleicht sogar wohlwollender Absicht, unterstellt werden, sondern in einer Weise begründet werden können, die auch von der anderen Seite nachvollzogen und akzeptiert werden können. Die Begründung erfolgt also auf Basis der geteilten Werte und nicht auf der Grundlage des bestehenden Dissenses. Allgemeingültig heißt in diesem Zusammenhang, dass jeder diese Gründe nachvollziehen und teilen kann, nicht nur diejenige Gruppe, die unmittelbar betroffen ist. Forst bezieht diese Prinzipien zwar auf Normen, da für ihn Toleranz aber eine Tugend der Gerechtigkeit ist (vgl. ebd., S.131), ließen sich mit dem Prinzip der Reziprozität und Allgemeinheit die Grenzen der Toleranz wie folgt aufzeigen:

> Toleranz taucht dabei an zwei Stellen auf: Einerseits bei der Bereitschaft, entsprechende Gründe zu suchen und dabei die eigenen Überzeugungen kritisch zu überprüfen, und andererseits bei der Bereitschaft, die Befolgung von keinen anderen als solchermaßen legitimierten Normen von anderen zu verlangen und sich selbst an diese zu halten. (Forst 2000, S.134)

So hätte jeder Mensch ein Recht auf Rechtfertigung und würde aufgrund dessen respektiert. Man schulde Anderen Begründungen, welche auch Verfechter anderer ethischer Überzeugungen aus eigenen Vernunftgründen akzeptieren müssen. Gründe zu akzeptieren heißt, diese hinzunehmen; Toleranz käme dann zum Tragen, wenn die andere Auffassung zwar nicht geteilt oder geschätzt, gleichzeitig aber aufgrund der allgemeinen reziproken Begründung dennoch nicht als illegitim aufgefasst werde. Forst plädiert somit für die Respekts-Konzeption und für Intoleranz denjenigen ethischen oder politischen Auffassungen gegenüber, welche nicht reziprok und allgemein gerechtfertigt werden können. Allerdings räumt er ein, dass es dennoch bestimmte Gründe geben könne, Gruppen zu *dulden*, die aufgrund mangelnder Anerkennung dieser Prinzipien aber nicht zu *tolerieren* seien (vgl. ebd.). Er differenziert damit indirekt zwischen der ursprünglichen und der heutigen Begriffsbedeutung und distanziert sich gleichwohl von den ersten zwei Toleranz-Konzeptionen. Wie im Folgenden aufgezeigt wird, ist allerdings Toleranz in ihrem ursprünglichen Sinne keineswegs überholt.

Angesichts der vier Toleranz-Konzeptionen ist eine unterschiedliche Auslegung des Toleranzbegriffs innerhalb der Gesellschaft nicht verwunderlich. Dass Toleranz grundsätzlich zu gewähren und positiv zu bewerten ist, steht insbesondere in demokratischen Gesellschaften außer Frage. Allerdings machen diese Konzeptionen deutlich, warum es dennoch zu Diskriminierung und Intoleranz kommen kann. Da die Grenzen der Toleranz je nach Auslegung des Begriffs stark variieren, kann für den Anhänger der Wertschätzungs-Konzeption bereits als intolerant und diskriminierend gelten, was für jemanden, der Toleranz als Duldung versteht, vollkommen legitim erscheint. Dabei können die dem Verhalten zugrunde liegenden Toleranz-Konzeptionen je nach Kontext variieren. Während zum Beispiel in religiösen Fragen eher die Wertschätzungs-Konzeption überwiegen mag, kann das Toleranzverständnis in Bezug auf sexuelle Orientierung und Identität sehr viel restriktiver sein. Es ist darum zu untersuchen, welche Mechanismen diesem Phänomen zugrunde liegen und wie sich die unterschiedlichen Toleranzauffassungen auf die gesellschaftliche Praxis auswirken. Hierauf soll in den nachfolgenden Kapiteln eingegangen werden.

3.3 Intoleranz und Diskriminierung

Diskriminierung bedeutet die Ungleichbehandlung einer Person oder einer Gruppe, ohne, dass sachlich zu rechtfertigende Gründe für diese Ungleichbehandlung vorliegen. Hierzu zählt sowohl die strukturelle Diskriminierung, welche die Ungleichbehandlung auf institutioneller Ebene durch strukturelle Normen beinhaltet, als auch die soziale Diskriminierung, welche auf der zwischenmenschlichen Ebene auftritt (vgl. Timmermanns 2008, S.265)[24]. Hormel und Scherr (2010) gehen in ihrem einleitenden Beitrag zu dem Buch „Diskriminierung. Grundlagen und Forschungsergebnisse“ über diese basale Begriffsbestimmung

24 Subtile Formen der Diskriminierung, die auf das Privatleben der Betroffenen zielen, sind zum Bespiel „Tuscheln/Gerüchte/Lügen“, „Imitieren/Lächerlichmachen“, „Nicht-Ernst-nehmen“, „sexuelle Anspielungen“ bzw. „Befürchtungen sexueller Belästigung“, „unangenehmes Interesse am Privatleben“, „Ignorieren der Person“, „Kontaktabbruch/Ausgrenzung“, „Beschimpfung/Beleidigung“ (vgl. Maier 2010, S.156).

hinaus, indem sie Diskriminierung als „gesellschaftliches Phänomen" ansehen und neben Handlungen auch herabsetzende Äußerungen in ihre Definition aufnehmen (vgl. S.7). Neben den unterschiedlichen, aufgeführten Sichtweisen bezüglich Toleranz, zeigt sich im gesellschaftlichen Umgang mit dieser Tugend hierin ein weiteres Problem. Zwar wird durch diverse normative Vorgaben, etwa dem Antidiskriminierungsgesetz, dem Gleichheitsgrundsatz usw., dieses oben genannte Ziel bereits explizit verfolgt und Toleranz unter anderem hierauf gründend in der heutigen Gesellschaft größtenteils als eigener Wert und als tugendhafte Geisteshaltung angesehen. Inhaltlich werden Gleichheitsgrundsätze und Prinzipien der Toleranz von allen sozialen Schichten rezipiert (vgl. Sinus 2008, S.90). Der Grad der Umsetzung und Verinnerlichung divergiert jedoch erheblich innerhalb der Gesellschaft. Toleranz wird offenbar jenseits verschiedener Konzeptionen (siehe 3.2) und begrifflicher Interpretationen in unterschiedlichen Ausprägungen und je nach Kontext, Religiosität, Alter, sozialer Herkunft und Beziehung zu der als anders wahrgenommenen Person praktiziert (siehe hierzu auch 6.1.1). Obschon die Minimalanforderungen, welche an Institutionen und Mitglieder einer Gesellschaft gestellt werden, auf struktureller Ebene festgeschrieben werden, ist das Ideal von Toleranz als Tugend der gesellschaftlichen Praxis damit keineswegs erreicht. Diskriminierung werde der Studie des Sinus-Instituts[25] in allen sozialen Schichten grundsätzlich zwar abgelehnt, „weil sie unserem kulturellen Wertesystem, das auf Chancengleichheit, sozialer Fairness und Solidarität gründet, widerspricht" (ebd., S.90). Gleichzeitig wurde im Rahmen dieser Studie aber festgestellt, dass die Themen Diskriminierung und Gleichbehandlung sowie die Förderung benachteiligter Gruppen gemessen an der Aufmerksamkeit und Betroffenheit der Mehrheit unserer Gesellschaft für sie kein besonders wichtiges Anliegen sei (vgl. ebd., S.8). In Bezug auf sexuelle Orientierung zeigt die Studie dabei deutlich, dass Toleranz hier allenfalls als Duldung, keineswegs aber im Sinne einer Respekts- oder gar Wertschätzungskonzeption verstanden wird. So bestehen in der Gesellschaft

25 Das Forschungsprojekt „Diskriminierung im Alltag. Wahrnehmung von Diskriminierung und Antidiskriminierungspolitik in unserer Gesellschaft" wurde 2008 im Auftrag der Antidiskriminierungsstelle des Bundes (ADS) vom Sinus Institut für Markt- und Sozialforschung durchgeführt. Sie gilt als die erste repräsentative, nach Milieus differenzierte Grundlagenstudie zur Wahrnehmung von Diskriminierung und Antidiskriminierungspolitik in Deutschland.

> tief verwurzelte Barrieren und entsprechend virulente Vorurteile – bis hin zu Ekel- und Hassgefühlen – gegenüber sexuellen Orientierungen, die vom Mainstream abweichen. Immerhin 61 Prozent der in der Repräsentativerhebung befragten Personen stimmen dem Statement „Mit dem Thema Homosexualität möchte ich möglichst wenig in Berührung kommen" zu. (ebd., S.84)

Diesen Ergebnissen entsprechend zeigt die vom Bundesministerium der Justiz in Auftrag gegebene Rechtstatsachenforschung über die „Benachteiligung gleichgeschlechtlich orientierter Personen und Paare", dass in der Arbeitswelt, in der Nachbarschaft oder dem Familienleben 2001 noch erhebliche Defizite bezüglich der Gleichbehandlung und Toleranz vorherrschten (vgl. Buba/Vascovics 2001, S.205ff). Dies bestätigt die These, dass das Gesetz allein nicht auf alle Bereiche des gesellschaftlichen Zusammenlebens, sondern nur dort, wo Rechte wie sexuelle Selbstbestimmung, körperliche Unversehrtheit usw. tatsächlich verletzt werden, einwirken kann.

Die aktuellen Reaktionen auf die Debatte um die Aufnahme von LSBTTI-Themen in die Bildungspläne in Baden-Württemberg bestätigen die Ergebnisse der beiden Studien ebenfalls deutlich. Toleranz wird zwar prinzipiell befürwortet und die Verfolgung von Homosexuellen grundsätzlich missbilligt, die Gleichstellung homosexueller Partnerschaften (sogenannte „Homo-Ehen") mit heterosexuellen Partnerschaften wird jedoch weiterhin, teilweise auch auf politischer Ebene, abgelehnt[26]. Die Grenzen der Toleranz scheinen bei vielen Menschen erreicht zu sein, sobald das „Andere" öffentlich und gleichberechtigt neben den eigenen Anschauungen existieren kann. Den Ergebnissen des Sinus-Forschungsprojektes zufolge fühlen sich viele Menschen sogar durch die Bestrebungen zur Gleichberechtigung sexueller Minderheiten bedroht, weil die Gleichstellungspolitik und Institutionen „angeblich die Homosexuellen bevorzugt und die traditionelle Familie benachteiligt („Die [Homosexuellen] dürfen nicht diskriminiert werden, aber sie dürfen nicht bessergestellt sein!")" (vgl. Sinus 2008,

---

26 So weigerte sich die CDU und CSU Fraktion, trotz entsprechender Urteile des BVerfG vom 6. Juni 2013 zur steuerlichen Gleichstellung eingetragener Lebenspartnerschaften auch Vereine in den Katalog der steuerlich zu berücksichtigen Fördervereine aufzunehmen, welche sich für den Schutz gleichgeschlechtlicher Lebenspartnerschaften einsetzen. Vgl. Bosehm, Guido: „Union verweigert volle Gleichstellung der Homo-Ehe". In: Süddeutsche Zeitung vom 04. Juni 2014.

S.86). Auch andere Studien belegen, dass vermeintlich tolerante Aussagen wie „Solange die [Homosexuellen, S.T.] mich in Ruhe lassen, ist mir das egal" (Hark 2000; zit. nach Timmermanns 2003, S.36) intolerante Einstellungen und Vorurteile enthalten und von einer deutlich ablehnenden und abwehrenden Haltung zeugen. Hieran zeigt sich, dass Toleranz in diesem Kontext einer Duldung entspricht: Die Existenz von LSBTTI wird zwar hingenommen, allerdings sollen die betroffenen Personen ihre „Andersheit" im Privaten ausleben und nicht öffentlich zeigen[27]. Das dieser Haltung zugrunde liegende Toleranzverständnis erinnert dabei stark an die religiösen Ursprünge des Toleranzbegriffs, demzufolge andere Konfessionen heimlich existieren durften, weil sich ihre Existenz nicht leugnen und auch nicht verbieten ließ (vgl. 3.1.1). Toleranz kommt in diesem Zusammenhang eine weitere, zweifelhafte Funktion zu. „Duldung" impliziert ein Machtgefälle und bewirkt, dass die eigene, hegemoniale Position unreflektiert bleibt und Differenzen fokussiert und somit verstärkt werden. Damit werden die Norm der Heterosexualität, aber auch Vorurteile gefestigt und andere Lebensformen aufgrund einer zum vorherrschenden Merkmal erhobenen Differenz als nicht gleichwertig marginalisiert. Um über eine bloße Duldung hinauszugehen und zu Anerkennung und damit einem Ende von Diskriminierung zu führen, muss Toleranz daher intrinsisch motiviert sein. Dies bedeutet, dass herrschende Normen kritisch reflektiert werden (vgl. hierzu 2.1.3, 2.2) und Vorurteile thematisiert und auch die negativen Folgen von Toleranz als Duldung sichtbar gemacht werden müssen. Hier sind insbesondere Bildung und Erziehung durch die Schule als Sozialisationsinstanz, Normenvermittler (und Normenbegründer; vgl. hierzu 6.3) und Ort der Identitätsfindung gefordert. Auf Vorurteile, ihre gesellschaftliche Implikation, Funktion und Wirkung wird im nachfolgenden Kapitel eingegangen. Die negativen Folgen des bisherigen, duldenden Toleranzverständnisses in Bezug auf LSBTTI werden näher in Abschnitt 5.2 beschrieben.

---

27 Laut dem Sinus-Forschungsprojekt fühlen sich besonders die Milieus der „Konservativen", „Traditionsverwurzelten" und „DDR-Nostalgischen" „durch offen praktiziertes homosexuelles Verhalten (insbesondere von Männern) ebenso provoziert wie von Schwulen-und Lesben-Paraden, z. B. beim Christopher-Street-Day („Schwulen-Karneval") oder anderen Auftritten dieser Gruppen in der Öffentlichkeit („Da wird geküsst und gemacht, das ist doch widerlich"; „Solange die's untereinander tun, sollen sie machen, was sie wollen, aber nicht in der Öffentlichkeit!")." (vgl. Sinus 2008, S.86)

4 Vorurteil

> Der menschliche Geist ist kein reines Licht, sondern erleidet einen Einfluss von dem Willen und den Gefühlen. Dies erzeugt jene „Wissenschaften für Alles, was man will"; denn was man am liebsten als das Wahre haben mag, das glaubt man am leichtesten. (...) Auf unzählige und oft unbemerkbare Weise drängt sich das Gefühl in das Denken und steckt es an. (Bacon: Novum Organon [NO], S.99f. [49])

Mit diesen Worten beschrieb Francis Bacon bereits zu Beginn des 17. Jahrhunderts sehr treffend die Natur des Vorurteils. Es wurde hier nicht als ein bloßes „Vorgreifen des Geistes" verstanden, sondern darüber hinaus als unmerklich von Gefühlen beeinflusstes Urteil, welches das Denken gewissermaßen infiltriert und lenkt. Doch stammt der Begriff „Vorurteil" ursprünglich aus der Rechtswissenschaft und bedeutete ein Urteil, welches vorläufigen Charakters ist, also vor einem Endurteil erging (vgl. Dorschel 2001, S.2). Erst in der Aufklärung wurde das Vorurteil als eine Art gesellschaftliche Praxis angesehen, welche im Gegensatz zu Autonomie und Freiheit als Zeichen von Unmündigkeit, heteronomem Zwang und Unvernunft als unreflektierte Übernahme fremder Überzeugungen galt[28]. Die Bekämpfung von Vorurteilen wurde in der Aufklärung als Zeitalter des intellektuellen Fortschritts zum gesellschaftlichen Ziel ausgerufen (vgl. ebd., S.1).

Was ein Vorurteil ist und wie es zustande kommt, ist dabei von ebenso großer Bedeutung wie die Frage, wie Vorurteile trotz aufklärerischer Bemühungen, Fortschritt, Toleranz und demokratischer Grundwerte und -rechte Bestand haben können, denn faktisch sind Vorurteile auch heute noch omnipräsent.

4.1 Das Vorurteil in der Philosophie

> Die Vorurteile sind so zu reden die Kunsttriebe der Menschen, sie tun dadurch vieles, das ihnen schwer werden würde bis zum Entschluss

---

28 Das Vorurteil in seiner ursprünglichen Bedeutung glich nunmehr der Mutmaßung (vgl. Dorschel 2001, S.7 [FN]). „Das Vorwahrhalten aus unzureichenden Gründen ist nicht Vorurtheil, sondern Muthmaßung" (Kant: Logik, S.401 [2517]) und bestimmte damit das Vorurteil zwar als vorschnelles Urteil („Wenn aus einem unzureichenden Grunde ohne Untersuchung etwas vor wahr gehalten wird"; vgl. ebd., S.400 [2515]), grenzte es gleichzeitig aber von Irrtümern ab, die auf unzureichenden Informationen gründen.

> durchzudenken, ohne alle Mühe. (Lichtenberg „Aporismen"; zit. nach: Höffe 2007, S.233)

Dem prominentesten Philosophen der Aufklärung Immanuel Kant zufolge beruhen Vorurteile auf leichtfertigen und unreflektierten Urteilen anderer, der Annahme einer herrschenden Meinung als Produkt blinder Autoritätshörigkeit oder Trägheit des Denkens. Urteilskraft werde fälschlicherweise oft gleichgesetzt mit einem Sinn für Anstand, Gerechtigkeit etc. Doch seien eben gerade Sinne nicht zu vereinbaren mit der Erkenntnis von Wahrheit oder Gerechtigkeit, da sie den Verstand beeinträchtigen und verklären würden. Es sei darum zu differenzieren zwischen dem herkömmlichen Verständnis des „sensus communis" als vulgären, gemeinen Menschenverstand, „welches zu besitzen schlechterdings kein Verdienst oder Vorzug ist" (vgl. Kant KdU, S.144) und einem intellektuellen Urteilsvermögen, welches a priori auch auf die Vorstellungen anderer Rücksicht nimmt und diese in das eigene Urteil einbezieht, ohne subjektiv von Sinnen, Empfindungen und Privatbedingungen beeinflusst zu sein. Ein Urteil, „welches zur allgemeinen Regel dienen soll" (ebd., S.145) sei eben nur dann allgemein gültig und legitim, wenn die eigenen Empfindungen nicht in Betracht gezogen, sondern abstrahiert würden. In diesem Sinne sind, zur Vermeidung von Irrtümern und subjektiven Urteilen, seine Maximen des gemeinen Menschenverstandes erstens das Selbstdenken, welches bedeutet, sich nicht auf von anderen übernommene Ansichten zu berufen oder einer herrschenden Meinung anzuschließen (Kant selbst übersetzt dies mit „vorurteilsfrei"). Zweitens soll man „an der Stelle jedes anderen denken", um zu einem für alle gleichermaßen gültigen und nachzuvollziehenden Urteil zu kommen. Drittens solle ein jeder „jederzeit mit sich selbst einstimmig denken".

Selbstdenken bedeutet per definitionem selbst, also aktiv im Sinne „einer niemals passiven Vernunft" (vgl. ebd., S.145) zu denken und in seinem Urteil nicht autoritätsgeleitet, sondern autonom und selbstbestimmt zu sein:

> Statt dessen, daß bis dahin andere für ihn dachten und er blos nachahmte oder am Gängelbande sich leiten ließ, wagt er es jetzt, mit eigenen Füßen auf dem Boden der Erfahrung, wenn gleich noch wackelnd, fortzuschreiten. (Kant ApH, AA Bd. VII, S. 229)

Kant bezeichnet passives, fremdbestimmtes Denken als „Heteronomie der Vernunft" und sieht hierin das Vorurteil begründet (vgl. Kant KdU, S.145). Während vorurteilsfreies, autonomes Selbstdenken Mündigkeit bedeute, seien Vorurteile ein Zeichen von Unmündigkeit, von der sich mittels Aufklärung zu entledigen sei:

> Aufklärung ist der Ausgang des Menschen aus seiner selbst verschuldeten Unmündigkeit. Unmündigkeit ist das Unvermögen, sich seines Verstandes ohne Leitung eines anderen zu bedienen. Selbstverschuldet ist diese Unmündigkeit, wenn die Ursache derselben nicht am Mangel des Verstandes, sondern der Entschließung und des Mutes liegt, sich seiner ohne Leitung eines andern zu bedienen. Sapere aude! Habe Mut, dich deines eigenen Verstandes zu bedienen! ist also der Wahlspruch der Aufklärung. (Kant: Beantwortung der Frage: Was ist Aufklärung? S.55)

In der zweiten Maxime appelliert Kant für Empathie, d.h. für das Einfühlungsvermögen in das Denken anderer. Im Gegensatz zum Vorurteil, bei dem dieses Denken unreflektiert übernommen werde, sollen andere Standpunkte kritisch überprüft werden, um so das eigene Denken zu erweitern und gegebenenfalls Fehler oder Beschränkungen zu erkennen, denen man möglicherweise aufgesessen ist. Insofern kann dieser Aspekt angesehen werden als eine Erweiterung des Horizonts und als Teil eines Strebens nach Vervollkommnung des eigenen Urteils. Von der ursprünglichen eigenen Perspektive ausgehend kann so durch die Hinzunahme anderer Standpunkte und möglicher weiterer Argumente eben dieser Standpunkt kritisch reflektiert werden, um sich von subjektiven Privatbedingungen des Ausgangsurteils zu befreien. Die in der dritten Maxime genannte Forderung nach Kohärenz enthält den Anspruch der logischen Folgerichtigkeit und Widerspruchsfreiheit des durch die ersten Maximen zustande kommenden Urteils. Die Affektivität von Vorurteilen bezieht sich hier auf die mangelnde Abstraktion der Sinne (bzw. Gefühle) vom Urteil[29].

Aus sozialpsychologischer Sicht allerdings bergen die drei Maximen der Urteilskraft Probleme bei der konkreten Ortung und Widerlegung von Vorurteilen: alles, was der Mensch im Laufe seines Lebens erlernt und an Erfahrungen sammelt, geschieht in Abhängigkeit von anderen. Besonders in frühen Jahren, in denen die Sozialisierung in vollem Gange ist, werden die elterliche Meinung oder die Meinung anderer Bezugspersonen angenommen. Das ist Teil der Erziehung und kognitiv und entwicklungspsychologisch nicht anders möglich. Der Verstand

29 Das Vorurteil an sich ist bei Kant aber nicht per se mit einer negativen, ablehnenden Einstellung konnotiert. Auf diese gegenwärtige Bedeutung des Vorurteils wird in Abschnitt 4.2 eingegangen.

eines noch unmündigen Kindes vermag viele Dinge nicht in seiner Ganzheit zu begreifen, vieles erschließt sich ihm nicht aus eigener Erfahrung und bedarf der Erklärung anderer. Folgerichtig unterliegen alle Ideen, Vorstellungen und Meinungen eben diesem Prozess der Sozialisierung und Erziehung, auch Aufklärung und Mündigkeit basieren auf übernommenen Sichtweisen und Begriffen. Da alle Begriffe, die wir kennen, irgendwann von der Gesellschaft geprägt wurden, wären alle Begründungsversuche damit zirkulär. Eine Infragestellung und eine Reflexion sämtlicher Werte, (Vor-) Urteile und Begrifflichkeiten würde somit zu einem regressus infinitum führen.

In der Sozialpsychologie wird diese Sicht der Sozialisierung als „Strukturdeterminismus" bezeichnet, demzufolge Individuum und Gesellschaft nicht im Sinne eines Dualismus polar zueinander stünden. Die Repräsentation der Umwelt und somit auch ein Zugang zur Umwelt wird vielmehr von der Struktur unseres kognitiven Systems bestimmt, welches von der Gesellschaft geprägt wird.

> Im Hinblick auf den konkreten Moment (...) werden wir behaupten müssen, dass: logisch, zeitlich und psychologisch die Gesamtheit den Einzelnen vorangeht; im Hinblick auf ihren realen Ursprung aber werden wir beide Glieder des Verhältnisses, das Ganze und seine Teile, schlechthin gleichzeitig und zugleich wirkend uns denken müssen. (Lazarus 1862, zit. nach: Nolte 2008, S.313)

Dabei werde die soziale Struktur von den Individuen internalisiert, so dass sich die individuelle Tätigkeit als habitualisierter, unbewusster, passiv- unreflektierter Vollzug der sozialen Strukturen und Regeln äußere (vgl. ebd., S.314).

Die sozialen Systeme, in denen wir heranwachsen, geben folglich vor, wie wir diese wahrnehmen und determinieren unser gesamtes Handeln. Dies würde bedeuten, dass sämtliches menschliches Handeln und Denken lediglich die vorgefundenen sozialen Systeme reproduziere. Es ist demnach fraglich, ob es überhaupt möglich ist, dass eine Gesellschaft sich gänzlich seiner Vorurteile entledigt. Aus strukturdeterministischer Sicht könnte eine Aufklärung und Reflexion von Urteilen im kantischen Sinne gar nicht völlig losgelöst von Vorurteilen erfolgen. Allerdings, so Nolte, räume Lazarus später ein, „dass sich der psychische `Vollzug´ der sozialen Struktur nicht auf die Wiederholung und Erhaltung des Gegebenen beschränkt, sondern auch die selbständige Veränderung, Ergänzung und Gestaltung einschließt" (ebd.). Das Individuum ist dieser Reziprozitätsprämisse zufolge auch, aber nicht nur, ein Produkt seiner Gesellschaft und es beeinflusst seine Umwelt ebenso, wie die Umwelt das Individuum beeinflusst (vgl. Nolte 2008, S.323).

Selbst zu denken ist eine Forderung, welche aus entwicklungspsychologischer Sicht erst ab einem bestimmten Alter erfolgen kann und mit besonderen kognitiven Fähigkeiten einhergeht. Bis dahin werden wir von den Meinungen anderer geprägt. Ab diesem Punkt allerdings kann auch der Mensch als Mikrosystem das Makrosystem, also seine Gesellschaft, beeinflussen. Diese bestehe nicht aus einer Art Kollektivbewusstsein als Antipol des Individuums, sondern umfasse gleichwohl eine Meso-Ebene[30] und damit vielfältige, unter Umständen auch widersprüchliche Vorstellungen verschiedener Gruppen (vgl. ebd., S.324; siehe hierzu 4.2.2), die zu reflektieren und gegebenenfalls zurückzuweisen seien. Insofern sind hier Aufklärung und Reflexion gefordert.

4.2 Zur Psychologie einer gesellschaftlichen Praxis

Im Duden wird der Begriff „Vorurteil“ als „ohne Prüfung der objektiven Tatsachen voreilig gefasste oder übernommene, meist von feindseligen Gefühlen gegen jemanden oder etwas geprägte Meinung“ definiert[31]. Ein Vorurteil stellt demnach eine unreflektierte Haltung dar, die entweder selbst gebildet oder aber ebenso ungeprüft von anderen übernommen wird und häufig, aber nicht immer, mit negativen Gefühlen verbunden ist. Insofern beruht ein Vorurteil nicht auf verifizierten Fakten und entbehrt somit einer legitimen Grundlage, ist aber dieser Definition zufolge nicht per se falsch oder negativ.

In seinem Buch „The Nature of Prejudice“ (1954) definiert der Psychologe Gordon Allport „Vorurteil“ als „(…) an antipathy based upon a faulty and inflexible generalization. It may be felt or expressed. It may be directed toward a group as a whole, or toward an individual because he is a member of that group“(S.9). Feindseligkeit im Sinne eines stark empfundenen Widerwillens („antipathy“, s.o.) ist hier ein bestimmendes Moment, das Vorurteil hat insofern eine rein negative Konnotation. Vorurteile, die nicht auf negativen Gefühlen basieren, gibt es demnach nicht. Während der Duden offen lässt, inwiefern sich Vorurteile äußern,

30 Die Meso-Ebene umfasst sowohl kleine und große Gruppen (Familie, Nachbarschaft, Peergroup, Kollegium etc.) als auch intra- und intergruppale Interaktionen. Sie repräsentiert die unmittelbare soziale Umwelt der Individuen (vgl. Nolte 2008, S.336; siehe hierzu 5.1).

31 Duden: „Vorurteil“. Bibliographisches Institut GmbH, 2013.

können Allports Definition zufolge Vorurteile nicht nur verbal ausgedrückt, sondern auch empfunden werden und sich in Abneigung, Missbehagen und dergleichen negativen Gefühlen äußern. Das Vorurteil ist somit Urteil und Einstellung zugleich, denn es beinhaltet zum einen ein Fehlurteil, welches auf falschen und rigiden Generalisierungen beruht, zum anderen ist es stark geprägt von negativen Emotionen. Die Grundlage von Vorurteilen sieht er damit in unwahren Stereotypisierungen, aus denen ein Urteil gezogen wird, während der Duden lediglich von ungeprüften, „objektiven Tatsachen" spricht (s.o.), was die Möglichkeit einer Verifizierung impliziert. Was ein Fehlurteil von einem Vorurteil allerdings unterscheidet, ist die Bereitschaft, an diesen falschen, pauschalen Urteilen festzuhalten, auch wenn ihr Wahrheitsgehalt widerlegt werden kann. Während kleinere Irrtümer jedoch bei Vorliegen entsprechender Informationen eingeräumt und beseitigt werden und Meinungen durch Argumente umgestimmt werden können, sind Vorurteile hartnäckiger und Argumenten oftmals nicht zugängig.

Anders als eine Meinung, welche ein Fürwahrhalten darstellt, das rein kognitiver Art ist und die Möglichkeit des Irrtums beinhaltet, wird eine Einstellung verinnerlicht und beeinflusst unser gesamtes Fühlen (affektiv), überzeugungsbasiertes Denken (kognitiv) und Verhalten (konativ; vgl. Nelson 2006, S.7; Klocke 2012, S.7). Indes eine Meinung nur in konkreten Kontexten artikuliert wird, können sich Einstellungen jederzeit, vor allem auch unbewusst und non-verbal, z.B. in Form von spontanen Gefühlsreaktionen oder Ausgrenzungen äußern. Ein Vorurteil kann sich zum Beispiel affektiv äußern, wenn Jungen Angst davor haben, für schwul gehalten zu werden, da sie z.B. Hobbies nachgehen, die nicht als „männlich" angesehen werden (etwa Kochen oder Tanzen). Auf der kognitiven Ebene können sich Vorurteile etwa in der Ablehnung einer Gleichstellung eingetragener Lebenspartnerschaft mit der Ehe zeigen. Konativ manifestierte Vorurteile können zu einem vermeidenden Verhalten führen, wenn Schüler_innen sich zum Beispiel aus Angst vor sexuellen Übergriffen nicht von einer lesbischen Sportlehrerin oder einem schwulen Sportlehrer unterrichten lassen wollen. Das letzte Beispiel betrifft alle drei Arten von Vorurteilen: Die Annahme, Homosexuelle hätten ein sexuelles Interesse an jedem gleichgeschlechtlichen Mitmenschen, die hieraus resultierende Angst, ebenfalls Objekt der Begierde und Anzüglichkeiten zu werden sowie ein hieraus resultierendes, ablehnendes und vermeidendes Verhalten.

Ein weiteres, differenzierendes Merkmal ist die Gruppenzugehörigkeit. Gruppen zeichnen sich u.a. durch die Entwicklung gemeinsamer Normen und Abgrenzung der Binnengruppe von Außengruppen aus. So sind nicht nur einzelne Individuen („jemand" oder „etwas") von Vorurteilen betroffen, sondern Gruppen als Ganze und einzelne Menschen allein aufgrund ihrer Gruppenzugehörigkeit. Objektive Tatsachen werden somit gegebenenfalls in den Hintergrund gedrängt. Die gesellschaftliche Relevanz sowie die Folgen von Vorurteilen werden hierdurch deutlich: Wenn Personen aufgrund von Vorurteilen nicht mehr objektiv, sondern pauschal bewertet und anhand ihrer Gruppenzugehörigkeit abgelehnt und vorverurteilt werden, beeinflusst dies nachhaltig und reziprok das soziale Miteinander, denn als Reaktion auf negatives Verhalten folgt wiederum negatives, d.h. ablehnendes, voreingenommenes oder aggressives Verhalten den Mitgliedern anderer Gruppen gegenüber. Vorurteile können so in vielen Fällen, aber nicht zwingend, zu einer sich selbst erfüllenden Prophezeiung werden, welche zum einen dazu führt, dass Voreingenommenheit nicht mehr als solche wahrgenommen wird, sondern sich im Verlauf wechselseitig bestätigt und so aus Vorurteilen scheinbar fundierte, legitime Urteile werden. Zum anderen trägt dies dazu bei, dass Stereotype und Vorurteile fest in unserer sozialen Wahrnehmung verankert und demzufolge nur schwer zu durchbrechen und abzulegen sind. Um die Implikationen und Wirkungen von Vorurteilen auf die Gesellschaft zu verstehen, muss darum zunächst deutlich werden, wie Vorurteile entstehen und warum sie trotz der öffentlichen Perzeption als abzulehnende, moralisch verwerfliche Haltungen allen sozialen Schichten inhärent sind. Vorurteile betreffen keineswegs nur bestimmte soziale Gruppen – sie existieren gleichermaßen bei allen Gruppen, gleich, ob diese Minderheiten oder die Mehrheit einer Gesellschaft repräsentieren. Die Begriffe „Gruppe" und „Stereotyp" stellen dabei wichtige Aspekte dar. Sie sollen nachfolgend erörtert werden, um die Genese sowie die Funktionen von Vorurteilen soziologisch und psychologisch nachzuvollziehen. Dabei werden nachfolgend drei Faktoren aufgeführt, welche Vorurteile konstituieren.

4.2.1 Der kognitive Aspekt: Kategorisierung und Stereotypisierung

Obgleich die Begriffe „Stereotyp" und „Vorurteil" teilweise synonym verwendet werden[32] und häufig in gegenseitiger Wechselwirkung miteinander stehen, ist eine Abgrenzung notwendig, um die Tragweite von Vorurteilen hervorzuheben.

---

32 So führt *Duden* die Begriffe „Klischee", „Schablone", „Vorurteil" als Synonyme zu „Stereotyp" auf und definiert dieses als „1. (Sozialpsychologie, Psychologie) vereinfachendes, verallgemeinerndes, stereotypes Urteil, [ungerechtfertigtes] Vorurteil über sich oder an-

Bereits zu Beginn des 17. Jahrhunderts konstatierte Francis Bacon in seinem Werk „Novum Organon“:

> Der menschliche Geist setzt vermöge seiner Natur leicht eine grössere Regelmässigkeit und Gleichheit in den Dingen voraus, als er später findet. Und obgleich in der Natur Vieles nur einmal vorkommt oder voller Ungleichheiten ist, so legt der Geist doch den Dingen viel Gleichlaufendes, Uebereinstimmendes und Beziehungen bei, die es nicht giebt (…). (Bacon NO, S.96 [45])

Mit dieser Erkenntnis kam Bacon der modernen Sozialpsychologie weit zuvor. Der Begriff „Stereotyp“ wurde erst im 20. Jahrhundert durch den Journalisten Walter Lippmann geprägt und stammt ursprünglich aus dem Druckereiwesen. Lippmann verwendete „Stereotyp“ zunächst als Metapher für einen kognitiven Prozess, dem zufolge Menschen zu Generalisierungen neigen, um die komplexen und teilweise verwirrenden Umwelteindrücke einfacher aufnehmen zu können. Jeder Mensch habe Bilder im Kopf, welche unsere Wahrnehmung wie schematisierte Schablonen zwischen der Wirklichkeit und dem Bewusstsein vereinfachen und beeinflussen (vgl. ebd., S.4). In der Sozialpsychologie wurde der Begriff „Stereotyp“ 1933 von Katz und Braly aufgegriffen, die das Stereotyp als „einen starren Eindruck, der nur in geringem Ausmaß mit der Realität übereinstimmt, sondern vor allem dadurch zustande kommt, daß wir zuerst urteilen und dann erst hinschauen" definierten (Katz, D.; Braly, K.W.: „Racial stereotypes of one hundred college students“. Journal of Abnormal Psychology, No. 28, S.280-290; zit. nach Six-Materna; Six „Ursprung und Definition“). Nach heutigem Stand der Wissenschaft sind diese Beobachtungen sowohl physiologisch als auch psychologisch nachvollziehbar. Das menschliche Gehirn verfügt nur über eine begrenzte Kapazität, Informationen aufzunehmen und zu verarbeiten. Um mit der Informationsflut umzugehen, der unser Bewusstsein nahezu immer, überall und zwangsläufig ausgesetzt ist, nehmen wir zunächst Kategorisierungen vor (sogenannte „kategoriale Informationen“; vgl. Jonas et al. 2014, S.67). Diese effektive und automatisch durch unsere Wahrnehmung vollzogene Methode hilft so, die Komplexität von Umwelteindrücken und –reizen auf ein Maß zu reduzieren, welches das Gehirn verarbeiten kann (vgl. Nelson, S.19).

---

dere oder eine Sache; festes, klischeehaftes Bild (…).“ (Duden „Stereotyp“. Bibliographisches Institut GmbH, 2013)

Während Objekte Nelson zufolge größtenteils anhand eines Merkmals, z.B. nach ihrer Funktion (Apfelschorle=Getränk), kategorisiert werden, gibt es multiple Möglichkeiten, Menschen zu kategorisieren. Dabei gehen wir unbewusst nach einer bestimmten Reihenfolge vor. Eine erste, elementare Einteilung von Personen erfolgt dabei anhand von unmittelbaren, offensichtlichen Merkmalen wie Rasse, Alter und Geschlecht, den sogenannten „primitive" oder „basic categories". Diese fundamentalen Unterscheidungsmerkmale differenzieren danach, wer uns ähnlich ist und wer nicht, was automatisch zu einer Klassifizierung in „uns" und „die anderen" führt. Hierüber hinaus existieren dann vielfältige Möglichkeiten, Personen zu kategorisieren, etwa nach Kleidung, Beruf, Sprache etc. Inwiefern sich unsere Wahrnehmung und Kategorisierungen auf Stereotypisierungen auswirken, hängt Nelson zufolge unter anderem vom Kontext ab, in dem eine Person wahrgenommen wird und resultiert aus natürlichen und automatischen Prozessen unseres Bewusstseins, welche weitere soziale Kategorisierungen beeinflussen[33].

Begegnen wir einer Gruppe von Menschen, werden die Personen unbewusst nach Gemeinsamkeiten „abgescannt" und soziale Kategorisierungen zur Vereinfachung vorgenommen. Diese können induktiver oder deduktiver Art sein; wenn einige wenige Merkmale dazu führen, dass ein Mensch (oder ein Objekt) in eine bestimmte Gruppe eingeordnet wird, obwohl andere Merkmale nicht mit dieser Gruppe vereinbar sind, liegt eine induktive Vereinfachung vor. Sofern alle Personen eine oder mehrere Gemeinsamkeiten haben, werden ihnen im Rahmen einer deduktiven Vereinfachung sogleich automatisch auch andere Eigenschaften zugeschrieben, die jedoch nicht beobachtet und daher auch nicht überprüft wurden (vgl. Thomas 1992, S.226). Stereotype basieren demnach auf für den Wahrnehmenden logischen Schlussfolgerungen. Doch während es sich oftmals um recht harmlose Zuschreibungen von Eigenschaften handelt, bei der es nicht von besonderer Relevanz ist, ob die Stereotype zutreffen oder nicht, können andere Attribute sehr problematisch sein, wenn z.B. politische Gesinnungen, Religion oder bestimmte Verhaltensweisen assoziiert werden, die problembehaftet sind, Emotionen auslösen können und das wertneutrale Stereotyp zur Grundlage für das

33 In einem Experiment wurden Teilnehmern Videoaufnahmen einer chinesischen Frau gezeigt, die entweder mit Stäbchen aß oder sich schminkte. Je nach ausgeübter Tätigkeit wurden der Chinesin danach entweder eher rassenbezogene oder geschlechtsspezifische Stereotype zugeschrieben (vgl. Nelson 2006, S.20).

mit negativen, feindseligen Gefühlen behaftete Vorurteil machen. Praktiken, Eigenschaften, Erfahrungen und Überzeugungen werden so „als notwendiger Bestandteil grundlegender Subjekttypen aufgefasst" und Individuen auf eine Eigenschaft oder auf ein Merkmal reduziert, welche ihre Persönlichkeit und Identität „radikal erschöpfend zu erfassen" scheinen (Brown 2000, S.274, 275). Einerseits sind Stereotypisierungen demnach offenbar ein normaler, psychologisch begründbarer Prozess. Andererseits resultieren sie in einer „Subjektformierung", welche „unser Menschsein in einem kulturellen, ethnischen oder sexuellen Wesen verkörpert [sieht] und nicht in einem Individuum, das wählt und denkt, eben frei ist" (Brown 2000, S.275). Eine eingeschränkte Sicht, die Reduzierung auf wenige, als bestimmend definierte Merkmale führen darum häufig zu negativen Konsequenzen wie Ablehnung, Diskriminierung und Gewalt, da sie nicht den Menschen als Ganzes und als Individuum wahrnehmen.

Stereotypisierung wurde aufgrund der Rigidität pauschaler Kategorisierungen lange Zeit als moralischer oder intellektueller Mangel der diese Generalisierungen vornehmenden oder unreflektiert annehmenden Personen und als Grundlage für auf Vorurteilen basierende negative Verhaltensweisen angesehen (vgl. Nelson 2006, S.4). Sie wurde unter anderem als „primitive Unterdifferenziertheit der intellektuellen Funktionen" (Gizycki 1965, S.48), auf Stress oder geistige Ursachen zurückgeführt. Allerdings lässt sich mit dieser Annahme nicht erklären, wie Stereotype und Vorurteile so weit verbreitet sein können und in jeder sozialen Klasse, jeder Altersgruppe, bei Männern wie auch Frauen egal welcher Herkunft vorzufinden sind. Aktuellere Forschungsergebnisse zeigen jedoch, dass Kategorisierungen Folge eines automatischen und unbewussten kognitiven Prozesses sind, welche keine Rückschlüsse auf den Intellekt oder die Moral von stereotypisierenden Menschen zulässt, sondern allen Menschen zu eigen ist. So belegt das „cognitive-miser" Modell von Taylor (1981), dass Menschen eher dazu neigen, schnell zu urteilen, als richtig zu urteilen (vgl. Nelson 2006, S.20). Dieses Phänomen kann auf den psychologischen Vorteil zurückgeführt werden, sich schnell der Unsicherheit und Anspannung zu entledigen, nicht zu wissen, mit wem man es zu tun hat und welche Verhaltensweisen zu erwarten sind. Dabei ist es für das Bewusstsein erstmal unerheblich, ob die Vermutungen zutreffen, sich also bewahrheiten, oder nicht. Entscheidend ist die aus solchen Prozessen resultierende Handlungs- und Selbstsicherheit (vgl. ebd., S.21, 39). Stereotype sind demnach eine spontane, unbewusste Methode des Bewusstseins, Informationen effizient zu filtern und zu sortieren. Es bleibt allerdings zu klären, warum Menschen an

Stereotypen fest halten, wenn Informationen oder eigene Erfahrungen das Stereotyp widerlegen oder nicht mit dem Stereotyp vereinbar sind[34].

Für dieses Phänomen gibt es verschiedene Erklärungsansätze. Zum einen fällt es Menschen schwer, Informationen überhaupt bewusst wahrzunehmen, wenn diese ihrem Bild bzw. ihrer Erwartungshaltung nicht entsprechen. Da das auf Kategorisierungen und Stereotypisierungen aufbauende Selbstkonzept durch widersprüchliche Informationen ins Wanken gerät und somit Unstimmigkeiten verursacht, neigen Menschen dazu, diese Informationen bevorzugt auszufiltern (vgl. ebd., S.39) und Informationen schneller aufzunehmen und zu speichern, wenn diese bereits bestehende Stereotype ansprechen (vgl. ebd., S.40). Das Konzept der „confirmatory bias" besagt, dass einmal vorgenommene Kategorisierungen nachhaltig unsere Wahrnehmung determinieren (vgl. Jones et al., S.126; Nelson 2006, S.41; Gizycki 1965, S.47). Zum anderen ist Nelson zufolge unsere Motivation, an Stereotypen festzuhalten aus Gründen der kognitiven Effektivität und Simplizität enorm hoch. Weicht jemand von der stereotypisierten Gruppennorm ab, werden Subkategorien gebildet, die dem Prinzip „Ausnahmen bestätigen die Regel" entsprechen. Die Abweichung wird nicht als hinreichender Grund angesehen, seine Stereotype zu überdenken und infrage zu stellen; vielmehr dienen die gebildeten Subkategorien als Beweis dafür, nicht vorurteilsbehaftet zu sein. Es konnte beobachtet werden, dass der Personengruppe trotz gegenteiliger Erfahrungen immer noch generalisierte Attribute zugeschrieben wurden. Es scheint somit einfacher zu sein, eine Person als „Abweichler" anzuerkennen, als die gewohnten Stereotype zu zerstreuen (vgl. Nelson 2006, S.42).

Selektive Wahrnehmung führt häufig dazu, dass Menschen Informationen nicht wahrnehmen, sobald diese ein bestehendes Stereotyp widerlegen, sondern eher

34 Hierzu konstatierte Bacon: „Der menschliche Verstand zieht in das, was er einmal als wahr angenommen hat, weil es von Alters her gilt und geglaubt wird, oder weil es gefällt, auch alles Andere hinein, um Jenes zu stützen und mit ihm übereinstimmend zu machen. Und wenn auch die Bedeutung und Anzahl der entgegengesetzten Fälle grösser ist, so bemerkt oder beachtet der Geist sie nicht oder beseitigt und verwirft sie mittelst Unterscheidungen zu seinem grossen Schaden und Verderben, nur damit das Ansehn jener alten fehlerhaften Verbindungen aufrecht erhalten bleibe" (Bacon NO, S.96 [46]). Und weiter: „Im Allgemeinen muss der Beobachter der Natur gerade dem misstrauen, was seinen Verstand am meisten anspricht und fesselt. Bei solchen Gefühlseinwirkungen ist grosse Vorsicht nöthig, damit der Geist sich unparteiisch und rein erhalte" (ebd., S.103f. [58]).

diejenigen Informationen herausfiltern, welche ihren Erwartungen bzw. ihrem „ersten Eindruck" entsprechen. Wahrgenommene Devianzen werden daher vermehrt uminterpretiert. So konnte in vielen Fällen beobachtet werden, dass besonders vorurteilsbehaftete Menschen Informationen, welche den angenommenen Stereotypen widersprachen, diese Abweichungen eher auf äußere, zufällige Faktoren bezogen, während vorurteilsarme Personen besser dazu bereit waren, ihre Stereotype fallen zu lassen und widersprüchliche Informationen auf interne, d.h. persönliche Faktoren zurückzuführen (vgl. Nelson, S.40). Darüber hinaus zeigen Menschen die Tendenz dazu, Ereignisse und Begebenheiten miteinander zu verknüpfen, um Situationen vorhersehbarer zu machen und handlungsbereit zu sein (vgl. ebd., S.42), welches aus dem gleichen Grund erfolgt, aus dem auch Kategorisierungen vorgenommen werden. Werden zufällige Ereignisse und Verhaltensweisen mit bestimmten Personengruppen beobachtet, neigen wir dazu, eine Verknüpfung herzustellen. Diese scheinbaren Zusammenhänge werden vor allem dann geknüpft, wenn Mitglieder einer sozialen Gruppe salientes, besonders auffallendes und einprägsames Verhalten zeigen, welches sodann auf die gesamte Gruppe bezogen wird („illusory correlations"; vgl. Nelson 2006, S.42f.; Jones et al. 2014, S.125)[35].

Stereotype erhalten sich demnach oftmals selbst, weil sie etwa durch stereotyp- und vorurteilsgeprägtes Verhalten Reaktionen provozieren, welche diese Voreingenommenheit subjektiv bestätigen, ohne diese jedoch objektiv verifizieren zu können („self-fulfilling prophecies", vgl. Jones et al., S.127). Das Vorurteil wird spätestens nun allerdings nicht mehr als solches wahrgenommen, sondern als aposteriorisch begründetes Urteil verinnerlicht. Insofern sind sie aus vielfältigen Gründen schwer zu durchbrechen. Aufgrund ihrer Implikation und Wirkung sind Stereotype, obgleich ihrer Natur nach wertneutral, demnach von großer morali-

---

35 Als Beispiel kann hier der sogenannte „Christopher-Street-Day" (CSD; auch Gay Pride, Pride Parade oder Regenbogenparade) aufgeführt werden. Bei diesen weltweit jährlich in zahlreichen Städten stattfindenden Paraden wird für politische Forderungen und gegen die Diskriminierung sexueller Minderheiten demonstriert. Höhepunkt des meist mehrere Tage dauernden Aktionsprogramms ist eine Parade, bei der verschiedene Gruppen auf Trucks oder zu Fuß und teilweise verkleidet und bewusst provokativ auf sich aufmerksam machen. Die Wahrnehmung einzelner besonders auffälliger Paradeteilnehmer kann dazu führen, dass diese als stellvertretend für die gesamte Gruppe anerkannt werden und bestehende Vorurteile subjektiv bestätigt werden.

scher Relevanz, denn sie begründen Vorurteile und beeinflussen unsere Wahrnehmung unbewusst in einer sich selbst bestätigenden Weise.

4.2.2 Der soziale Aspekt: Gruppenzugehörigkeit und Feinddenken

In der Natur ist der Zusammenschluss mit anderen überlebenswichtig; eine Gruppe bietet Schutz vor Gefahren, Schutz vor und Verstärkung gegenüber anderen, um bestmöglich die eigenen Bedürfnisse zu befriedigen und Interessen zu wahren. Bereits ab Geburt ist der Mensch von seiner Familie abhängig und ohne diese Gruppe nicht überlebensfähig. Auch mit zunehmendem Alter und Fähigkeiten verlieren Menschen ihr anthropologisch begründetes Bedürfnis nach sozialer Gemeinschaft nicht. Gemeinsame Interessen, Bedürfnisse, Wertvorstellungen und Ziele sind die Grundvoraussetzung für das Entstehen und das Bestehen von sozialen Gruppierungen (vgl. Nelson 2006, S.1; Brodbeck 2000, „Bestimmungsmerkmale, Strukturen, Prozesse"; Deci/Ryan 1993, S.229)[36]. Doch habe sich der Mensch in Laufe der Evolution „von der phylogenetischen Determination des Verhaltens gelöst und den größten Spielraum für kollektives und individuelles Lernen geschaffen" und sei darum biologisch auf eine Sozialisierung durch Kultur und Gesellschaft angelegt (vgl. Nolte 2008, S.319).

Die Theorie der sozialen Identität („social identity theory"), welche in den siebziger Jahren von Tajfel und Turner entwickelt wurde (vgl. Nolte 2008, S.345; Nelson 2006, S.47f.), legt einen direkten Zusammenhang zwischen einer Person und ihrem sozialem Umfeld dar. Neben einem Ich-Bewusstsein, welches jeder Mensch unter normalen Entwicklungsumständen hat, bilden Menschen durch Gruppenzugehörigkeit auch eine soziale Identität aus. Selbstbewusstsein und Selbstbestätigung werden sowohl aus den eigenen Leistungen als auch aus dem Wert, der der eigenen Gruppe beigemessen wird, gezogen (vgl. Thomas 1992, S.221, 227). Die Theorie der sozialen Identität misst der sozialen Gruppe damit erheblichen Einfluss auf das Selbstbild zu und erklärt neben der vereinfachenden, kognitiven Funktion des Kategorisierens diesen Prozess auch psychologisch.

---

36 Immer mehr kommt hierzu noch der Faktor des sozialen Prestiges, welches mit bestimmten Gruppen assoziiert wird und dazu führen kann, dass diese Gruppe anderen Gruppen trotz divergierender Wertvorstellungen oder sozialen Charakteristika, etwa Ethnizität, Religion oder soziale Klasse, vorgezogen wird und eine Zugehörigkeit in einer anderen Gruppe angestrebt wird.

Durch das gemeinsame Streben nach Zielerreichung und Bedürfnisbefriedigung entsteht ein „Wir"-Gefühl (Eigengruppe), welches dazu beiträgt, seine eigene Gruppe von anderen (Fremdgruppe) abzugrenzen und zu präferieren. Während die Eigengruppe idealisiert und als die beste Gruppe wahrgenommen wird, entsteht eine direkte Konkurrenz zu anderen Gruppen, die notwendigerweise zu Konflikten um Ressourcen wie Arbeitsplätze, Güter, aber auch Gesundheit, Leben und Freiheit, führt („realistic threat", vgl. Jones et al., S.163) und mit einer Abwertung der die eigenen Werte scheinbar bedrohenden anderen Gruppen einhergeht („symbolic threat", vgl. ebd.). Sowohl der eigenen als auch der Fremdgruppe werden bestimmte Attribute zugeschrieben; auch den anderen wird ein „Wir"-Gefühl und damit einhergehend ein Gesamtwille, ein Gesamtgefühl und ein Gesamtkomplex von Vorstellungen und Werten unterstellt, welche dazu führen, die Personen einer Gruppe ohne jegliche Überprüfung und Verifizierung dieser Zuschreibungen als identisch zu betrachten (vgl. ebd., S.129). So haben Gruppen spezifische Normen und Werte, welche von den Mitgliedern entwickelt werden und gleichzeitig die Entwicklung ihrer Mitglieder und deren Verhalten mitbestimmen [37].

Individuelle Vorteile einer sozialen Gruppe können unterschiedlich schwer wiegen. Je nach Grad des Abhängigkeitsverhältnisses des Individuums von seiner Gruppe erschwert oder verhindert ein stark ausgeprägtes „Wir"-Gefühl eine Reflexion der eigenen Werte, Bedürfnisse und Ziele sowie ein unter Umständen durchaus zu rechtfertigendes Abweichen von der Gruppennorm. Die potentielle Gefährdung des eigenen Wohls und Fortbestehens aufgrund antithetischer Vorstellungen anderer Gruppen begründet in der Konsequenz ablehnende, negative Gefühle (vgl. Gizycki, S.49; Nolte, S.345). Zwar besitzen die einzelnen Personen abgesehen von den generalisierten, vermeintlich typischen Eigenschaften zahlreiche individuelle Charakteristika, doch können diese je nach Interessenskonflikt gänzlich in den Hintergrund treten, welches als „Identitätsfalle" im Sinne einer Fixierung auf nur ein dominierendes Identitätsmerkmal beschrieben wird (vgl.

---

37 Es kann weiter noch zwischen Mitglieds- und Bezugsgruppe differenziert werden, wobei erstgenannte diejenige Gruppe ist, der ein Mensch, z.B. durch Geburt, angehört (Familie, soziale Schicht, Schulklasse), während unter Bezugsgruppe eine Gruppe verstanden wird, mit deren Normen und Werte sich ein Individuum identifiziert, ohne ihr aber anzugehören. Bezugs- und Mitgliedsgruppe können voneinander abweichen (vgl. Thomas 1992, S.322). Sofern nicht explizit anders erwähnt, wird hier unter „Gruppe" die Mitgliedsgruppe verstanden.

Hastedt 2012, S.32). Hieraus folgt weiter, dass aus der Gruppenkohäsion auf der Mikroebene zwar kollektive Stärke und Mut resultieren. Auf der Meso-Ebene können intergruppale Interaktionen jedoch aufgrund der Fokussierung auf einseitig wahrgenommenen, fixierten Unterschieden erheblich erschwert werden und hierdurch zu schwer überwindbaren Differenzen heranwachsen. Eine Reflexion der jeweiligen gruppenspezifischen Wertvorstellungen, Ziele und Bedürfnisse ist darum notwendig, um Stereotype zu erkennen und zu relativieren, die Rigidität sozialer Gruppen aufzulösen und so zu einer kritischen Reflexion von herrschenden Vorurteilen zu führen (vgl. 4.3).

Wie oben bereits erläutert wurde, gründen Stereotype und Vorurteile auf einer Vielzahl unterschiedlicher soziologischer und psychologischer Aspekte. Der Mensch als soziales Wesen strebt Gruppenzugehörigkeit an. Als Individuum verhelfen Stereotype in der sozialen Umwelt zu bestehen, handlungssicher und aufnahmebereit zu sein. Da Stereotype uns ersparen, detaillierte Bewertungen und Abwägungen vorzunehmen, verfügen wir über ein erhebliches Maß an freier kognitiver Kapazität. Diese Funktion von Stereotypen und Einstellungen bzw. Vorurteilen betrifft demnach die Effizienz unseres Bewusstseins und ist somit ökonomischer Art. Kategorisierungen ermöglichen darüber hinaus die Vorhersehbarkeit von Situationen und machen Personen und Gruppen handlungssicher, was unter dem Begriff der Nützlichkeit zusammengefasst werden kann. Doch neben dieser kognitiven Komponente haben Vorurteile scheinbar auch individuelle psychologische Vorteile, welche die Aufrechterhaltung und Rechtfertigung von Vorurteilen erklären.

4.2.3 Der individuelle Aspekt: Funktion und Vorteil des Vorurteils

Die Idealisierung der eigenen Lebensform und die daraus resultierende Klassifizierung in „ich/wir" und „die anderen" (siehe 4.2.2) konstituieren das Selbstbild und die Weltanschauung. Die Mitglieder einer Gruppe teilen in zentralen, für sie relevanten Punkten größtenteils die gleichen Werte, Normen und Regeln[38]. Vorurteile (so auch die ihnen vorangehenden Stereotype) werden vor diesem Hintergrund während des Sozialisationsprozesses ebenso von der Eigengruppe über-

38 Die Internalisierung von Normen und Denkweisen ist individuell unterschiedlich stark motiviert und divergiert aus diesem Grunde. In diesem Rahmen wird bei der Darstellung gruppendynamischer Prozesse der Sozialisierung von der Mitgliedsgruppe ausgegangen; leichte Abweichungen werden darum nicht berücksichtigt.

nommen und werden so zur Gruppennorm[39]. Die Übereinstimmung mit ihnen garantiert die Gruppenzugehörigkeit und damit einhergehend die Befriedigung individueller Bedürfnisse nach Sicherheit, Ordnung, Geborgenheit und Vorhersehbarkeit von Handlungen (vgl. 4.1.2; vgl. Thomas 1992, S.322). So stoßen Stereotype und Vorurteile innerhalb der Eigengruppe nicht auf Widerstand, sondern werden größtenteils geteilt, wenigstens aber nicht abgelehnt. Hieraus resultiert, dass diese Interpretation der Wirklichkeit als „richtig" aufgefasst wird und vermeintlich objektiven Tatsachen entspricht. Da Vorurteile wie „Homosexuelle sind krank"[40] aber oftmals bereits existieren und von den Mitgliedern einer Gruppe im Zuge ihrer Sozialisierung übernommen werden, stellen sie in diesem Fall eine petitio principii dar. Dies wird besonders bei Kindern deutlich, die in den ersten Lebensjahren die elterlichen Stereotype und Weltsichten unreflektiert annehmen und sich mit diesen identifizieren (vgl. Nelson 2002, S.33). Zur Interpretation der Wirklichkeit wird auf Stereotype und Vorurteile zurückgegriffen, was erst durch deren Existenz überhaupt die Bedingung für ihre Bestätigung schafft. Das Vorurteil wird bewiesen durch eine These, die ihrerseits noch zu beweisen ist und erst zu dem Vorurteil geführt hat. Die unter 4.2.1 aufgeführten Phänomene beeinträchtigter, selektiver Wahrnehmung gelten analog auch für Vorurteile. So finden sie von „innen" heraus durch die eigene Gruppe als auch durch die eingeschränkte, voreingenommene Wahrnehmung der Zielgruppe Bestätigung und erhalten sich somit selbst.

Die sogenannte „Sündenbock"-Theorie („scapegoat theory") erklärt intergruppale Konflikte damit, dass persönliche Frustration insbesondere dann verlagert und in Form von Aggressionen gegenüber Fremdgruppen geäußert wird, wenn Umstände außerhalb des Einflussbereiches der Gruppe oder des Individuums vorliegen, welche die jeweilige Bedürfnisbefriedigung behindern. Negative Emotionen

---

39 Eine Gruppennorm kann zum Beispiel die Überzeugung sein, dass die „Ehe" allen anderen Partnerschaften gegenüber als superior anzusehen und darum in besonderem Maße zu fördern ist. Die Festschreibung von „Ehe" gemäß der Rechtsprechung des Bundesverfassungsgerichts als Partnerschaft zwischen Mann und Frau („auf Dauer angelegte, in der rechtlich vorgesehenen Form geschlossene, grundsätzlich unauflösliche Lebensgemeinschaft von Mann und Frau." Bundesverfassungsgericht) impliziert dabei die Höherwertigkeit dieser Lebenspartnerschaft gegenüber beispielsweise eingetragenen Lebenspartnerschaften. Vgl. hierzu „Heterosexismus" (vgl. 2.2).

40 Vgl. hierzu Mankarios, Alexandra: „Homosexualität – Bitte keine Klischees". wissen.de, 14. Jan. 2014.

gegenüber einer Fremdgruppe werden mit einem Gefühl der Hilflosigkeit und Handlungsunfähigkeit und daraus resultierender Frustration verknüpft.[41] Verkürzt erklärt, wird Homosexualität (wie auch andere Formen sexueller Identität) entsprechend der Scapegoat-Theorie auf den Versuch einer aktiven Umerziehung durch Homosexuelle und auf liberale Gesetze und Einstellungen zurückgeführt, welche als „Indoktrinierung" angesehen werden. Vorurteile fungieren dieser Theorie zufolge als Ventil für persönliche Frustrationen und dienen als legitime Begründung für Aggressionen bestimmten Gruppen gegenüber (vgl. Nelson 2006, S.49; Gizycki 1965, S.55; siehe hierzu auch 6.1.1)[42]. Die Sündenbock-Theorie kann darüber hinaus einen Mechanismus der Selbstdefensive beinhalten. So würden Vorurteile besonders hartnäckig vertreten, wenn nicht nur Frustration, sondern auch als eigene Mängel empfundene Eigenschaften auf eine Zielgruppe projiziert würden (vgl. Gizycki 1965, S.57). Dieses Verhalten gleicht gewissermaßen einem Ablenkungsmanöver: Je mehr das Verhalten, die Einstellungen, Normen, Werte etc. einer Fremdgruppe angeprangert werden, desto mehr relativiert oder kaschiert dies eigene Defizite. Gleichzeitig stärkt dies aber auch das Wir-Gefühl, denn es führt den Gruppenmitgliedern die eigenen, gemeinsamen Ziele vor Augen und führt durch die Zustimmung der Gruppe zu Selbstbestätigung und sozialer Anerkennung (vgl. Jones et al. 2014, S.94). Analysen aggressiven, homophoben Verhaltens unter männlichen Jugendlichen haben zum Beispiel ergeben, dass gruppendynamische Prozesse, wie z.B. Geltungs- und Zugehörigkeitsstreben und Nachahmung, sowie individuelle Motive, z.B. die Ablenkung von dem Verdacht, selbst homosexuell zu sein oder Hervorhebung ideali-

41 Das mutmaßlich häufigere Auftreten von Homosexualität innerhalb der Gesellschaft sowie das entsprechende Vorurteil von der „Homosexualisierung der Gesellschaft" zum Beispiel wird in diesem Zusammenhang nicht positiv als Zeichen einer offenen, modernen Gesellschaft gewertet und dabei auch in Erwägung gezogen, dass zuvor ebenso viele Menschen homosexuell waren, dies nur aus Angst vor Sanktionen oder Repressionen nicht auszuleben wagten oder zeigen konnten.

42 Hierauf kann auch das Vorurteil, Homosexuelle seien schuld an der „Homosexualisierung" der Gesellschaft zurückgeführt werden. Da sich immer mehr Menschen zu ihrer Homosexualität bekennen und Homosexualität öffentlich immer häufiger und offener diskutiert wird, werden Homosexuelle für diese Entwicklung verantwortlich gemacht und ihnen die Verantwortung für diese gesellschaftliche Entwicklung zugeschrieben. Aus dieser Auffassung lässt sich schließen, dass es ohne öffentlichen Diskurs folglich auch keine Homosexualität gäbe.

sierter Eigenschaften (in diesem Fall „Männlichkeit") koexistieren und Vorurteile begünstigen und verstärken (vgl. Plöderl 2005, S.52).

Auf den ersten Blick entgegengesetzt, doch trotzdem vorurteilsbegünstigend wirkt die sogenannte „Rationalisierung", bei der vorurteilsbehaftete Motive rational, z.B. mit Fürsorge oder mutmaßlich toleranter Verantwortungsübernahme, begründet werden (vgl. Gizycki 1965, S.59). Bei der Petition ZVL gegen die Aufnahme von Homosexualität in die Bildungspläne Baden-Württembergs wurde argumentiert, man wolle Schüler_innen vor den negativen Konsequenzen (Suizidalität, HIV, Depressionen, soziale Isolation, Mobbing etc.) von Homosexualität bewahren. Nachweislich führt jedoch gerade ein Mangel an Aufklärung über diese Thematik und ein Verstecken der Sexualität zu negativen gesundheitlichen Folgen wie (unter anderem) Depressivität und Suizidalität (vgl. Plöderl 2005, S.43f). Es handelt sich bei dem paternalistischen Argument, durch eine Tabuisierung des Themas LSBTTI in der Schule Jugendliche vor den hieraus resultierenden Schäden zu schützen, um eine zirkuläre Begründung, da eben diese Tabuisierung als maßgeblich kausal für gesellschaftliche, virulente Vorurteile angesehen werden kann.

Die oben dargelegten Begründungen stellen allerdings nicht immer allein hinreichende Erklärungen für bestehende Vorurteile dar. Oftmals wirken verschiedene Faktoren und Mechanismen zusammen, so dass es schwierig ist, Vorurteile ausschließlich rational zu überwinden. Im Folgenden werden darum Methoden vorgestellt, welche die dargelegten sozialpsychologischen Mechanismen nutzen, um Vorurteile zu überwinden.

4.3 Vorurteile überwinden

Vorurteile bergen, wie oben gezeigt wurde, Vorteile sowohl für das Individuum (Mikro-Ebene) als auch für einige soziale Gruppen (Meso-Ebene). Fast immer entstehen dabei aber erhebliche Nachteile für die Fremdgruppe, welche mit Ausgrenzung und Diskriminierung konfrontiert ist und aus den dargelegten Gründen (siehe 4.2.1) alleine kaum aus ihrer negativen Rolle heraus kommen kann. Gesamtgesellschaftlich gesehen stellen Vorurteile mithin ein Problem dar, denn sie führen häufig zu Intoleranz, Aggressionen, Hass und Ausschreitungen.

> In extremen Fällen von Nationalismus, Ethnozentrismus und religiösem Fundamentalismus bildet die Eigengruppe eine moralische Gemeinschaft, innerhalb derer die Werte der Humanität beschworen und ge-

> pflegt werden, während gegenüber den Angehörigen der Fremdgruppe alle pro-sozialen Hemmungen und moralischen Rücksichten außer Kraft gesetzt werden und auch äußerste Formen der Gewalt als legitim erscheinen. (Nolte 2008, S.347)

Die interpersonellen und intergruppalen Wechselwirkungen aber „machen gleichsam den Stoff aus, der das Soziale im Innersten zusammenhält" (ebd., S.314).

Gruppendynamische Prozesse sowie die psychologischen Grundlagen von Stereotypen und Vorurteilen sind nur schwer zu durchbrechen. Sie können Jones et al. aber auch nutzbar gemacht werden: Durch Dekategorisierung und Rekategorisierung würden diese sozialen und individuellen Prozesse umgeleitet und führen zu einer Reduzierung von Vorurteilen durch intergruppale Kontakte (vgl. Jones et al. 2014, S.134)[43]. Der Ansatz der De-Kategorisierung setzt bei der Differenzierung von „wir" und „die anderen" an und versucht, Individuen innerhalb der Fremdgruppe wahrzunehmen. Die Tatsache, dass auch eine Fremdgruppe lediglich als homogen wahrgenommen wird, tatsächlich aber nicht homogen ist, und Menschen auch mehreren Fremdgruppen angehören können, lasse Vorurteile schwinden, da durch diese Personalisierung wahrgenommen werde, dass Stereotype als allgemeine Pauschalisierungen nicht auf jeden übertragen werden können. Die Vorurteile gegen die Gruppe als Ganzes könnten insbesondere dann überdacht und überkommen werden, wenn die betreffende Person als repräsentativ für die Gruppe angesehen werde, so dass insgesamt alle Stereotype infrage zu stellen sein (vgl. ebd., S.134f.).

Re-Kategorisierung nutzt sowohl die Erkenntnisse der Theorie von der sozialen Identität als auch der sozialen Kategorisierungen, um Vorurteile zu bekämpfen. Hierbei wird eine Verschiebung der Gruppengrenzen vollzogen, so dass Individuen der Fremdgruppe plötzlich als Mitglieder der eigenen Gruppe angesehen werden. Die sozialen Kategorisierungen werden durch die Herausstellung von Gemeinsamkeiten verschoben. Ein Mitglied einer Fremdgruppe kann zum Beispiel auch Aspekte der eigenen Gruppe teilen oder vertreten, was zuvor nicht wahrgenommen wurde. Nach Gemeinsamkeiten zu suchen und diese zu finden, schafft eine gewissermaßen neue Gruppe, macht so aus Mitgliedern einer Fremd-

---

43 In der interkulturellen Pädagogik wird hierunter die „Kontakt-Hypothese" verstanden.

gruppe folglich eine „common in-group" (vgl. ebd., S.136) mit allen bereits erwähnten Vorzügen und Besonderheiten von Gruppenidentität.

> [S]elbst in solchen Fällen [des gewaltbereiten Extremismus] kann unter günstigen Umständen ein längerfristiger Prozess der De-Kategorisierung das Freund-Feind-Schema aufbrechen und eine Wiederannäherung ermöglichen; bestenfalls gelingt eine Kategorisierung auf höherer Inklusionsebene, die beide Gruppen in einer neuen moralischen Gemeinschaft vereint. (Nolte 2008, S.345)

Um allerdings Kollektivismus, Gruppenegoismus und Vorurteile zu überwinden, bedarf es Toleranz, damit überhaupt erst eine Bereitschaft zur De- und Re-Kategorisierung erfolgt, Differenzen nicht in der subjektiven Wahrnehmung dominieren und so Gemeinsamkeiten überhaupt wahrgenommen werden können. Toleranz kommt damit eine Mittlerfunktion zu, welche Kritik an anderen Lebensformen keineswegs ausschließt, sondern eine konstruktive, sachliche und reflektierende Auseinandersetzung mit dem Anderen ermöglicht (vgl. Höffe 2008, S.316). Zu Toleranz gehört laut Hastedt die „Fähigkeit der Selbsterkundung, um sich vom Eigenen zu distanzieren und Beziehungen zum Fremden entwickeln zu können" (Hastedt 2012, S.17f.). Es bedarf also zudem der Aufklärung und des reflexiven Urteils, damit nicht nur einzelne Individuen von diesen Ansätzen profitieren, sondern Diskriminierung und Abneigung insgesamt verschwinden. Dabei sollen nicht nur die Stereotype von der Fremdgruppe kritisch überdacht werden. Die Selbstwahrnehmung als superior wird gemäßigt und andere Gruppen und Individuen als ebenbürtig und gleichberechtigt wahrgenommen. Durch diese Reflexion lassen sich sodann auch konsensuelle Werte ermitteln, wie beispielsweise Familie, Partnerschaft, Treue, Zuverlässigkeit oder Hilfsbereitschaft. Doch gerade vor dem Hintergrund gemeinsam geteilter Werte stellt sich im Kontext von LSBTTI dann die Frage nach der Relevanz der Differenzen und Devianzen (in diesem Fall der Sexualität) für das gesellschaftliche Miteinander und die Begründung für diesbezüglich bestehende Grenzen der Toleranz.

In Bezug auf Re-Kategorisierung wird deutlich, dass abstrakte und verallgemeinernde Stereotype und Vorurteile Personen einseitig, unvollständig und inkorrekt widerspiegeln und auf einige wenige Differenzen fixiert sind („Identitätsfalle"; vgl. Hastedt 2012, S.32; siehe hierzu auch 4.2.2). Toleranz wird mithilfe der beschriebenen Methoden im Idealfall obsolet, denn das marginalisierte Andersartige, welches toleriert wird, verschwindet vor dem Hintergrund (neu-) gefundener Gemeinsamkeiten. In diesem Sinne kann Toleranz als ein Durchgangsstadium verstanden werden, welches sich entweder nach intoleranter, strikter Ablehnung im Falle eines Scheiterns oder nach akzeptierender Anerkennung hin auflöse (vgl. Hastedt 2012, S.14). Der Schule und dem Schulsystem kommt somit die Aufgabe zu, Normen transparent zu machen und kritisch zu reflektieren, die Implikation und Wirkung von Stereotypen und Vorurteilen aufzuzeigen und gegebenenfalls zu widerlegen und diese nicht zu reproduzieren. Sinngemäß nach Humboldt begünstigt Bildung also die Fähigkeit zur Toleranz, während Toleranz gleichzeitig die Bildung fördert.

5 Schule und Identität

Wie in den vorangegangenen Kapiteln dargelegt wurde, besteht eine mehrdimensionale Wechselbeziehung von Individuum und Gesellschaft und folglich von Psychischem und Sozialem. Das Individuum wird in eine bestehende Gesellschaft hineingeboren und ist so abhängig von dem vorgefundenen soziokulturellen Umfeld, welches unter anderem durch Normen und Werte, aber auch durch Stereotype und Vorurteile geprägt wird. Allerdings hat, so beweist es auch die Geschichte, das Individuum einen entscheidenden Einfluss auf die Gesellschaft. So ist das Psychische immer auch sozial bedingt, das Soziale indessen durch das Psychische konstituiert und determiniert (vgl. Nolte 2008, S.313). Dabei ist zwischen dem individuellen Bereich als Mikro-Ebene, dem sozialen Zwischenbereich als Meso-Ebene und dem gesellschaftlichen Bereich als Makro-Ebene zu unterscheiden, um die Implikationen und die Wirkung dieser Reziprozität aus Inklusion des Individuums in einzelne Gruppen und in die Gesellschaft als auch die Einflussnahme auf diese Ebenen durch das Individuum zu verstehen und so gruppen- und gesellschaftsdynamische Prozesse zu erklären und zu verändern. Alle drei Ebenen bilden ein hierarchisches Modell, welches vom Individuum ausgeht. Poppers Prinzip der plastischen Steuerung (vgl. ebd., S.315) zufolge wirken sich individuelle Bedürfnisse und Entwicklungsprozesse maßgeblich auf die übergeordneten Ebenen aus, da die umfassenderen Ebenen von den je eingebundenen Ebenen abhängig blieben. Hieraus folgt, dass „die Individuen auf die sie steuernden sozial-kulturellen Kontexte Einfluss nehmen und auf diesem Umweg längerfristig auch kollektive Handlungsmuster und Mentalitäten verändern können" (Nolte 2008, S.313).

Die Schule kann als staatliche Institution zur Makro-Ebene gezählt werden, zählt aber ihrerseits ebenso zur Meso-Ebene durch Klassengemeinschaften, Lehrerkollegium, Peergroups, AGs etc. Basis dieser Ebenen ist auch hier das Individuum, sind die Schüler_innen, Lehrer_innen, aber auch Eltern, Schulleitung u.a. Am Beispiel des Schulsystems lässt sich demnach sehr gut darstellen, wie die verschiedenen Ebenen aufeinander einwirken und sich beeinflussen. Die Schule als Sozialisationsinstanz soll nicht nur die unmittelbare Lebenswelt der Schüler_innen aufgreifen und auf diese einwirken, sondern ist mitverantwortlich für die Gesellschaft der Zukunft. Was hier thematisiert wird, prägt unser Normen- und Wertesystem nachhaltig. Es stellt sich also die Frage, in was für einer Gesellschaft wir leben wollen, auf welchen Grundwerten diese aufgebaut sein soll und welche Umgangsformen diesen Grundwerten entsprechen. Freiheit, Gleichheit und Gerechtigkeit zählen zu den demokratischen Grundwerten, die durch unsere Verfassung, aber auch durch die Menschenrechte geschützt sind. Normen und Werte sowie hierauf abzielende spezifische Kompetenzen werden während der primären und sekundären Sozialisation angeeignet. Diese Phasen der Sozialisierung finden durch die Familie, zunehmend aber auch in der Schule durch Lehrkräfte und Peers statt (vgl. Hölscher 2008, S.755). In den folgenden Abschnitten wird auf die sekundäre Phase der Sozialisierung mit dem Fokus auf die Bedeutung von Identität und Sexualität eingegangen, welche auf der Erziehungs- und Sozialisationsarbeit des familiären Umfelds aufbaut.

5.1 Identität und Selbstkonzept

Ein positives Selbstbild ist ein basales menschliches Bedürfnis (vgl. Nelson 2006, S.47; König et al. 2014, S.610). In der Maslowschen Bedürfnishierarchie zählen das Streben nach mentaler Stärke sowie Anerkennung und Wertschätzung durch andere zu den Individualbedürfnissen (vgl. Thomas 1992, S.273). König et al. (2014) zufolge begründet eine positive Selbstbewertung („Ich-Stärke") die Fähigkeit, „mit sich als Person in Frieden leben zu können, mit sich selbst im Einklang zu stehen, ein positives Selbstbild zu haben und über psychosoziale Stabilität zu verfügen (S.608). Die auf der vermeintlichen Wahrnehmung und Beurteilung durch andere gründende Vorstellung des Selbst ist das Selbstbild (vgl. Thomas 1992, S.43). Es enthält Thomas zufolge dabei überwiegend Selbstbeschreibungen, die vor allem positive gruppenbezogene Kategorien enthalten, mit denen man sich selbst von anderen unterscheidet. Die hieraus resultierenden Gedanken und Gefühle über das Selbst fügen sich dann zu einem Selbstkonzept zusammen, stellen also die Gesamtheit der Gedanken und Einstellungen über die eigene Person dar (vgl. ebd., S.61f.; König et al. 2014, S.611), also wie sich eine Person selber sieht, bewertet und versteht. Dem Soziologen Mead zufolge basiert Identität vor allem auf dem Bild des Selbst, welches dadurch zustande kommt, sich mit den Augen des Anderen zu betrachten (vgl. Abels et al. 2009, S.324). Das Selbstbild wird auch durch unser Handeln, das eigene Erscheinungsbild (vgl. Schick 2012, S.257) und die daraus folgende Wirkung auf unser soziales Umfeld in Form positiver oder negativer Rückmeldungen bedingt. Auch hier zeigt sich, dass Gesellschaft und Individuum reziprok und prozesshaft miteinander verflochten sind[44]. Das Selbstkonzept unterliegt somit einer Dynamik; das Bild vom Selbst als „Ich" und die Urteile und Erwartungen der Anderen von mir und an mich (vgl. Schick 2012, S.256; Nolte 2008, S.323) stehen im ständigen Dialog und unterliegen stetigen Veränderungen. Eine positive Rückmeldung (implizit oder explizit) durch andere stärkt das Selbstbewusstsein und das Selbstbild und beeinflusst das Wohlbefinden, die Ausstrahlung sowie zukünftige Handlungen, welche wiederum den Bewertungen anderer unterliegen. Dementsprechend haben negative Bewertungen zur Folge, dass auch das Selbstbild negativer wird und sich in der Konsequenz auf das Wohlbefinden und zukünftige Verhalten auswirken kann, denn

> [d]a es das heilsame feed-back des täglichen Umgangs mit anderen entbehrt, kann das isolierte Ich argwöhnisch, depressiv, feindselig, ängstlich und verworren werden (...) Die Furcht einer Person, daß andere sie wegen etwas, das an ihr sich zeigt, mißachten können, bedeutet, daß sie in ihrem Kontakt mit anderen Menschen immer unsicher ist. (Goffman, 1963; zit. nach: Plöderl 2005, S.43)

Ein aus einem positiven Selbstkonzept resultierendes hohes Selbstwertgefühl gilt darum als Zeichen für psychische Gesundheit und Lebenszufriedenheit und stellt auch eine wichtige Komponente dar, um persönliche Misserfolge und Enttäuschungen aufzufangen und konstruktiv zu verarbeiten (vgl. König et al. 2014, S.610). Ich-Stärke wird dabei differenziert in „positives Selbstbild", „Selbstbewusstsein", also Wissen über und Vertrauen in die eigenen Fähigkeiten, und „Selbstvertrauen" im Sinne psychischer Stabilität (vgl. König et al. 2014, S.609).

In dem „Modell der produktiven Problembewältigung" von Helmut Fend (2003, S.213) stellt ein positives Selbstkonzept eine basale persönliche Ressource für

---

44 Im Bereich Schule wurde in diesem Zusammenhang eine signifikante Korrelation zwischen der eigenen Wertschätzung und dem Aussehen (Korrelationen um r =.55 in Klasse 8 und 9; vgl. König et al. 2014, S.613) sowie dem Selbstwert und sozialer Anerkennung durch Mitschüler festgestellt (Korrelation um r =.70 in Klasse 8 und 9; ebd.). Die Bewertungsmaßstäbe für das eigene Aussehen werden dabei maßgeblich gesellschaftlich, z.B. durch Medien, geprägt. Allerdings belegt Fend, dass Aussehen zwar das Selbstbild beeinflusst, sich der direkte Zusammenhang von Schönheit und sozialer Anerkennung in Form von Beliebtheit tatsächlich aber nur in sogenannten „Extremgruppen" (sehr unbeliebt/sehr beliebt) nachweisen ließ (vgl. Fend 2003, S.241).

Problembewältigung und gleichzeitig das kumulative Resultat aktiver Bewältigungsprozesse von Entwicklungsaufgaben in der Jugend dar. Fend geht von einem handlungstheoretisch-konstruktiven Paradigma aus, das den Jugendlichen als Handelnden auffasst, der sich mit seinen Umweltbedingungen aktiv auseinandersetzt. Für das individuelle Handeln wird dies sowohl durch personale Entwicklungsbedingungen, aber auch durch gesellschaftliche Einflüsse bewirkt. Um Identität zu bilden bedarf es demnach auch sozialer Interaktionen und Zugehörigkeit. Ein positives Identitätsgefühl entsteht dabei durch soziale Anerkennung und Bestätigung (vgl. Keupp 1997, S.13, 34), welche sich auf die Selbstwahrnehmung der eigenen physischen Erscheinung, das Verhalten und die Einstellungen sowie die Reflexion des eigenen Erlebens und Handelns bezieht (vgl. Schick 2012, S.258). Erst die Adoleszenz wird dabei aufgrund hirnorganischer Reifungsprozesse als diejenige Lebensphase angesehen, in der sich die personale Identität ausbildet und festigt, während in den Entwicklungsphasen zuvor von „Selbstkonzeptfacetten" gesprochen wird (ebd.). Allerdings sind Selbstkonzept und Identität während dieses Prozesses aufgrund noch nicht abgeschlossener körperlicher Veränderungen[45], sexueller Reifung und wechselnder Gruppenzugehörigkeiten noch nicht ausgereift und insofern diversen „Krisen" ausgesetzt, welche sich in Form von Beunruhigung, Unsicherheit und Rebellion äußern können (vgl. Schick 2012, S.266; Fend 1991, S. 20). Inwiefern sich solche Krisen und Unsicherheiten bezüglich der sexuellen Identität auswirken können, wird in Abschnitt 5.2.1 dargestellt.

5.1.1 Der Einfluss des Selbstbildes auf die schulische Leistung

Leistungserfahrungen erfüllen Fend zufolge eine bedeutende Sozialisierungsfunktion für die Persönlichkeitsentwicklung von Heranwachsenden und stellen somit einen vornehmlichen Aspekt von Schule dar. Vergleiche mit anderen prägen das Selbstbild, Jugendliche streben daher nach guten Noten, Erfolgen und Lob. Widerholte Misserfolge in der Schule bedingen daher eine negative Entwicklung des Selbstbildes (vgl. Fend 1997, S.266). Doch wird Leistung nicht allein durch Intel-

45 So ist die Adoleszenz ab dem Einsetzen der Pubertät von gravierenden äußerlichen Veränderungen geprägt, wie z.B. dem Wachsen von Schambehaarung, Ausbildung von sekundären Geschlechtsmerkmalen. Gleichzeitig bewirkt die Reifung des präfrontalen Kortex (Frontallappen) u.a. die Möglichkeit selbstreflexiven Denkens, Handlungs- und Selbstkontrolle (vgl. Schmidt/ Thews 1997, S.189).

ligenz und Strebsamkeit erzielt. Auch soziale Ressourcen wie der Zusammenhalt in der Schulklasse konnte ein motivationaler Zusammenhang zu Leistung nachgewiesen werden und wird von Jugendlichen als wichtig angesehen (König et al. 2014, S.617). Ein hohes Maß an sozialen Ressourcen (z.B. Freunde, Anerkennung im Klassenverband) wirke sich demnach deutlich positiv auf die Ich-Stärke aus, welche wiederum das Leistungsvertrauen beeinflusst: Ein starkes Selbstvertrauen führe auch dazu, sich zuzutrauen, Ehrgeiz und Spaß an der Bewältigung schwieriger, (schul-)leistungsbezogener Aufgaben und in diesem Zusammenhang keine Angst vor Versagen oder Fehlschlägen zu haben sowie diese gegebenenfalls gut zu verkraften (vgl. ebd., S.608). Damit stellt die Ich-Stärke einen wichtigen Faktor der personalen Kompetenz dar und wirkt sowohl bei Schülerinnen als auch bei Schülern leistungsmotivierend (vgl. ebd., S.618). Dass Lehrkräfte entscheidenden Einfluss auf diese sozialen Ressourcen haben können, belegt Fend in zahlreichen Studien. So konnte er nachweisen, dass eine gute emotionale Beziehung zwischen Schüler/n_innen und einfühlsamen Lehrer/n_innen allgemein zu mehr Schulfreude, einer höheren Gesprächsbereitschaft und damit zu einer besseren Konfliktregelung führt (vgl. Fend 2003, S.111f.), welches sich wiederum positiv auf das Klassenklima und den Klassenzusammenhalt auswirkt.

Allerdings kann dies nur für diejenigen Schüler_innen gelten, die sich in diesem sozialen Netz auch anerkannt und wertgeschätzt fühlen. Jugendliche, die sich entweder zu sehr anpassen müssen, weil Eigen- und Fremdbild bzw. auf sie projizierte Erwartungen ihrer sozialen Umgebung nicht zueinander passen oder die sich isolieren, profitieren nicht von dieser sozialen Ressource. Auch Nelson (2006) sieht einen Zusammenhang zwischen Selbstbild und Leistung: Wenn nämlich das Selbstbild als Minderheit stigmatisierter Jugendlicher[46] geprägt wird von den Vorurteilen und Stereotypen anderer, können diese Vorurteile zu sich selbst erfüllenden Prophezeiungen werden, was bedeutet, dass „(…) their anxiety about confirming poor stereotypic performance impedes their performance“ (S.35). Jones et al. (2014) legen zudem dar, dass Stereotype als bedrohlich wahrgenommen werden und nicht nur die Leistung negativ beeinflussen, sondern ebenfalls

46 Unter „stigmatisiert“ verstehen Jones et al. Menschen, die sozial „abgestempelt“ werden, indem sie mit negativen Attributen assoziiert, als anormal wahrgenommen und einer Fremdgruppe („them“) zugeordnet werden und aufgrund dieses Stigmas einen Statusverlust erleiden, diskriminiert werden und so soziale Ungleichheit erfahren (vgl. Jones et al. 2014, S.208).

das Verhalten des Stereotypisierten („disruptive apprehension"; vgl. S.214) sowie das Verhalten des diese Stereotype Anwendenden (vgl. ebd., S.127f.).

Für eine aus strukturfunktionalistischer Sicht allgemein positive Entwicklung von Jugendlichen sind schulische Erfolge wichtig, denn sie ebnen den Weg für einen nach Möglichkeit erfolgreichen beruflichen Werdegang. Doch reduziere diese Sicht Schüler_innen auf ihre Schülerrolle und lasse dabei die Jugendlichen als Individuen mit „spezifischen lebensweltlichen Besonderheiten" (vgl. Popp 2014, S.115) sowie die „Schuljugend" und Betrachtung der Schülerschaft als soziale Gruppe und somit Schule als soziales System außer Acht (vgl. Schubarth/Speck 2008, S.967), in dem Schüler_innen

> ihre Interessen und Bedürfnisse sowie ihre lebensweltlichen Bezüge in die Schule einbringen können und Schule diese produktiv aufgreift. Dabei geht es vor allem um die Ermöglichung sozialer Erfahrungen des solidarischen Miteinanders, fernab von schuldominierten Erfahrungen von Konkurrenz und Leistungsdruck und um die Entwicklung einer „sozialen Schulqualität". (ebd., S.968)

Schule ist demnach nicht nur ein funktionaler Ort der Bildung im Sinne fachspezifischen Wissens und expliziter Bildungsinhalte, wie sie unter anderem in Bildungsplänen und Bildungsstandards festgehalten werden. Der soziale Erfolg gehört ebenso zu den Faktoren, welche sich entscheidend auf die adoleszente Entwicklung und die Reproduktion und Weiterentwicklung der Gesellschaft auswirken. Doch sind hiervon keineswegs nur Selbstbild und Identitätsfindung betroffen; der soziale Erfolg wirkt sich, wie gezeigt wurde, auch indirekt auf die Leistungsbereitschaft und –Motivation aus. Leistung und Sozialverhalten stehen demnach in Korrelation (vgl. Schubarth/Speck 2008, S.965).

Die Bedeutung der Schule für die Bildung der Identität und des Selbstbildes sowie deren Einfluss auf die schulische Leistung ist somit eindeutig belegt. Im Folgenden ist nun zu klären, inwiefern sich die sexuelle Identität auf die Identitätsbildung und Ich-Stärke auswirkt und welche Rolle und Bedeutung Schule in diesem Zusammenhang hat.

5.1.2 „Wer bin ich?" vs. „Wer soll ich sein?"

In der konstruktivistisch-interaktionistischen Geschlechtertheorie wird ausgehend von der Fragestellung, ob vermeintlich geschlechtstypische Charakterzüge und Verhaltensweisen angeboren oder erlernt werden, zwischen dem biologischen und dem sozialen Geschlecht differenziert. Während das biologische Geschlecht im Sinne Cassirers einen Substanzbegriff darstellt, also anhand bestimmter, physischer Kriterien definiert wird, gibt es kein naturgegebenes bzw. angeborenes soziales Geschlecht. Soziales Geschlecht bezeichnet danach immer einen Funktionsbegriff, da Geschlecht an bestimmte soziale Rollen, Normen und demnach Erwartungen geknüpft ist. Sämtliche neben den körperlichen Geschlechterdifferenzen auftretenden Unterschiede werden erworben, verinnerlicht und praktiziert, was als „doing gender" bezeichnet wird (vgl. Faulstich-Wieland 2008, S.674). Stereotype sind hierbei von zentraler Bedeutung und definieren die gesellschaftliche Norm, also wie ein Junge bzw. ein Mann und wie ein Mädchen bzw. eine Frau zu sein hat und sind in sämtlichen Lebensbereichen vorzufinden, „denn unser Alltagswissen wird von der Annahme bestimmt, es gäbe offensichtlich und natürlich zwei Geschlechter" (ebd., S.675). So werden „Normalität" und genderbasierte Stereotype durch alltägliche Interaktionen ständig reproduziert und durch Darstellungen in den Medien, Rollenvorbilder usw. idealisiert[47]und begründen damit geschlechtsspezifische Erwartungen und Anforderungen. Allerdings gibt es immer wieder Abweichungen von den generalisierten Vorstellungen und geschlechtstypischen Attributen. Devianzen werden demzufolge als unnormale, sogar unnatürliche, Ausnahmen wahrgenommen und erzeugen oftmals Unsicherheit, denn Rollenbilder implizieren sowohl Erwartungen an das Verhalten des Gegenüber sowie eigene Verhaltensvorgaben. Um als normal zu gelten, müssen Heranwachsende demnach in Kenntnis dieser sozialen Anforderungen und Idealvorstellungen sein und sich dementsprechend verhalten. Insofern beeinflusst das „doing gender" entscheidend die Entwicklung eines Selbstkonzepts. Die Präferenz der eigenen Gruppe und die Aufrechterhaltung ihrer gesellschaftlichen Position sind dabei essentiell für die eigene Identität, denn diese beruht unter an-

---

47 „Doing gender" kann bereits pränatal bei der Auswahl der farblichen Gestaltung des Kinderzimmers erfolgen: Für Jungen werden eher blaue und grüne Farbtöne angeboten, während für Mädchen Rosa- und Pastelltöne dominieren. Gender wurde als Marktlücke erkannt; Spielzeug und Bilderbücher sind stark gendergeprägt und -prägend: Piraten, Autos, Cowboys und Dinosaurier für Jungen, Prinzessinnen für Mädchen (vgl. Leiber, Lila L.: Mein Zahlen Wimmelbuch mit der kleinen Prinzessin. 2. Aufl. Bindlach: Löwe, 2011 und Krause, Joachim: Mein Zahlen-Wimmelbuch mit dem kleinen Piraten. Bindlach: Löwe, 2011).

derem auch auf der Zugehörigkeit zu einer sozialen Gruppe sowie ihrem sozialen Status. Menschen, die nicht den eigenen Gruppennormen entsprechen abzuwerten, sozial zu etikettieren und mit diskriminierendem Verhalten zu sanktionieren gilt darum als Strategie des sozialen Machterhalts und als Möglichkeit, eigene negative Eigenschaften und Verhaltensweisen auf andere zu projizieren und somit von sich selber abzulenken (vgl. Gizycki 1965, S.49). Wer also nicht der seinem biologischen Geschlecht zugewiesenen Rolle gerecht wird - hierzu zählt auch das sexuell motivierte Verhalten dem anderen Geschlecht gegenüber - gefährdet die tradierten Geschlechtervorstellungen und damit die gesellschaftliche Ordnung. Eine Anerkennung als gleichwertig würde somit den eigenen sozialen Status relativieren und minimieren (vgl. ebd., S.53, 57). Insofern stehen Gender, Heteronormativität, Stereotype und Vorurteile in direktem Zusammenhang.

5.2 Sexuelle Identität

Kluge (2008) zufolge beginnt die Sexualität des Menschen bereits vor seiner Geburt, da die „Sexogenese", d.i. die Geschlechtsidentitätsentwicklung und –differenzierung (vgl. S. 72), zu einem Großteil schon im Mutterleib stattfindet. Doch ist die Sexogenese keineswegs immer eindeutig bestimmbar und vorherzusehen, da die sexuelle Identität von mehr als nur rein biologischen Entwicklungen abhängt.

Sexuelle Identität beschreibt das sexuelle Selbstverständnis von Menschen, welches aussagt, wie sich ein Mensch geschlechtlich selber wahrnimmt oder wie er wahrgenommen werden will. Sie setzt sich zusammen aus dem biologischen Geschlecht, also der physischen und genetischen Zugehörigkeit zu einem Geschlecht, dem sozialen Geschlecht („Gender") sowie dem psychischen Geschlecht, welches die Wahrnehmung und Empfindung des eigenen Geschlechts umfasst. Einen weiteren Aspekt der sexuellen Identität stellt die sexuelle Orientierung dar (vgl. Timmermanns 2008, S.261). Diese wird durch den Adressaten sexuellen Interesses bestimmt, also ob eine Person sich zum anderen Geschlecht, zum eigenen Geschlecht oder zu beiden Geschlechtern hingezogen fühlt (Hetero-, Homo- und Bisexualität). Doch birgt diese Klassifizierung eine gewisse Statik und damit Stereotypisierung; so erschwere laut Timmermanns die Vielschichtigkeit des menschlichen Begehrens eine strikte, eindeutige Definition der drei genannten sexuellen Orientierungen und spiegele allenfalls gesellschaftliche Verallgemeinerung wider. So weichen sexuelle Phantasien häufig von der ausgelebten sexuellen Praxis ab, während sexuelle Praktiken und Neigungen (z.B. Phantasien, körperliche Anziehung) homoerotischer Natur nicht per se Rückschlüsse auf die Orientierung zulassen würden (vgl. ebd., S.262). Die Dimensionen sexueller Orientierung sind demnach nach Verhalten, Erleben und Selbstidentifikation zu differenzieren (vgl. Plöderl 2005, S.10). Im Kontext einer Einschätzung der Häufigkeit von Homo- und Bisexualität merkt Plöderl an, dass Jugendliche sich bezüglich ihrer sexuellen Orientierung oftmals noch nicht so bewusst oder sicher sind, wie Erwachsene, da sich aus während der Pubertät gesammelten sexuellen Erfahrungen noch keine Aussagen über das Sexualleben im Erwachsenenalter schließen ließen (ebd.). Auch die soziale Herkunft, der ethnische Hintergrund und die Religiosität der befragten Personen stellten neben dem Alter einen entscheidenden Einflussfaktor für die individuelle Bewertung und das Eingestehen homo- oder bisexueller Handlungen dar, welche die Wichtigkeit einer Erfassung und Thematisierung verschiedener Dimensionen von Homo- oder Bisexualität aufzeigen. Plöderl sieht in den mit dem Bildungsgrad steigenden Prozentsätzen homo- und bisexueller Personen den Hinweis auf eine größere Offenheit und Toleranz unter sozial besser gestellten Jugendlichen (vgl. ebd., S.10f.). Dies bedeutet, dass Bildung und Aufklärung nicht zu mehr Homo- und Bisexualität führen, sondern ein offenerer Umgang mit diesem Thema dazu führt, dass Personen mit höherer Bildung, respektive Personen, die sozioökonomisch besser gestellt sind, homo- und bisexuelle Erfahrungen und/oder Phantasien eher zuzugeben bereit sind.

5.2.1 Sexuelle Identität und psychische Gesundheit

Obgleich Homosexualität 1973 von der American Psychiatric Association als pathologische, psychische Störung aus dem „Diagnostic and Statistical Manual of Mental Disorder“ (DSM) gestrichen wurde, führte es die Weltgesundheitsorganisation noch bis 1992 in ihrem „International Classification of Diseases“-Katalog als eigene Krankheit auf. Tatsächlich belegen zahlreiche Studien und Statistiken eine häufige Korrelation beeinträchtigter psychischer Gesundheit und einer von der Norm abweichenden sexuellen Orientierung (vgl. Plöderl 2005, S.64, 69; Meyer 2003, S.2). Homosexualität wird dabei zwar als kausal für psychische Störungen wie unter anderem Depressionen, generalisierte Angststörungen oder Substanzmissbrauch bin hin zu Suizidalität angesehen; umgekehrt lassen die erhobenen Daten aber keine Rückschlüsse darauf zu, dass eine psychische Störung zwangsläufig symptomatisch für Homo- oder Bisexualität ist. Dieser Rückschluss galt lange Zeit als Legitimation für eine Klassifizierung als psychische Störung (s.o.). Diese können zwar in Folge von Homo- und Bisexualität auftreten, doch liegt dies nicht in der Natur sexueller Orientierungen, sondern ist vor allem auf den gesellschaftlichen Umgang mit diesem Thema zurückzuführen. Plöderl führt diesbezüglich internalisierte Homophobie, Geschlechtsrollenkonflikt bzw. Non-Konformität, Diskriminierungserfahrungen sowie soziale Rollen als mögliche Gründe für erhöhten Substanzmissbrauch auf (vgl. ebd., S. 69)[48]. Insbesondere Jugendliche, die ihre Identitätsfindung noch nicht abgeschlossen haben, seien demnach anfällig für psychische Störungen und bis in das Erwachsenenalter hineinreichende Identitätskrisen, die durch mangelndes Selbstwertgefühl und mangelnde Selbstakzeptanz, Angst vor Diskriminierung und Ausgrenzung oder tatsächlicher sozialer Isolierung nicht zu einer starken Ich-Identität und einem positiven Selbstbild führen.

Eine dänische Studie ergab, dass die Suizidrate homo- und bisexueller Personen auch unter Berücksichtigung anderer Risikofaktoren signifikant erhöht war im Vergleich zu heterosexuellen Suizidenten[49]. Interessant ist, dass trotz eines vergleichsweise liberalen gesellschaftlichen Klimas in Dänemark, eine Partnerschaft sowie der durch den öffentlichen Charakter einer eingetragenen Lebenspartnerschaft selbstbewusste, offene Umgang mit der eigenen Sexualität zwar zu den psychischen Schutzfaktoren zählen, die Ergebnisse aber dennoch so deutlich ausfielen. Plöderl nimmt an, dass die Suizidrate in weniger toleranten Ländern noch höher ist (vgl. ebd., S.76).

Plöderl nennt zwei Hypothesen, welche das Phänomen häufigerer psychischer Störungen wie Depressivität und Suizidalität erklären. In der sogenannten „Stresshypothese" begründen zum einen deutlicher ausgeprägte und vermehrt auftretende proximale und distale Stressoren wie Diskriminierung und internali-

48 Kulturspezifischen Faktoren, wie z.B. einer der homosexuellen Szene zugeschriebenen „Bar-Subkultur", sieht er kritisch, da ein erhöhter Substanzmissbrauch bereits bei Jugendlichen vor dem 13. Lebensjahr festgestellt wurde (vgl. ebd.).

49 Trotz der beschriebenen Schwierigkeiten, Homo- und Bisexualität eindeutig zu definieren und hiervon ausgehend quantitativ zu erfassen war in dieser Studie ein direkter Vergleich möglich, da eingetragene Lebenspartnerschaften anhand eines amtlichen Registers hier als Indikator für eine gleichgeschlechtlich orientierte Lebensweise mit dem Suizidregister verglichen werden konnte.

sierte Homophobie[50], welche als spezifisch für Homo- und Bisexualität angesehen werden, eine erhöhte Störungshäufigkeit. Zum anderen sieht er auch in den allgemeinen Stressoren, wie etwa einem geringen Selbstwertgefühl und fehlenden sozialen Ressourcen, eine stärkere Ausprägung bei homo- und bisexuellen Personen (vgl. ebd., S.97). Die Vulnerabilitätshypothese erklärt die psychische Störungshäufigkeit von Homo- und Bisexuellen damit, dass sie neben auftretenden belastenden Situationen mit zusätzlichen Belastungen konfrontiert sind, die entweder das Ereignis begleiten (in diesem Fall ist bereits die Ausgangsbelastung erhöht) oder aber dauerhaft erfahren werden (was zu einer allgemein höheren Belastung bei gleichem Ereignis führt) und die Personen insgesamt verletzlicher machen[51]. Auch hier werden Stressoren wie Homophobie und Diskriminierung angegeben. Dabei verhindern eben diese Stressoren oftmals eine mögliche Verbesserung des sozialen Rückhalts durch Unterstützung, denn aus Angst vor Diskriminierung verschweigen und verbergen LSBTTI häufig ihre Sexualität, was den psychischen Druck und damit einher gehende psychische Erkrankungen begünstigt. Auch Meyers (2003) „minority-stress-model" führt das erhöhte Auftreten psychischer Störungen und Suizidalität auf besondere Stressoren zurück, die speziell Minderheiten betreffen.

Zusammenfassend ist also festzustellen, dass homo- und bisexuelle Menschen insgesamt psychisch belasteter sind als heterosexuelle Personen und sich diese Belastungen in psychischen Störungen widerspiegeln können. Diese sind jedoch nicht immer direkt auf die Homo- oder Bisexualität zurückzuführen, sondern beruhen auf Interaktionseffekten (vgl. ebd., S.98) und sind somit neben perso-

---

50 Als internalisierte Homophobie wird eine Verinnerlichung von negativen Stereotypen verstanden, welche homosexuellen Menschen sowie deren Lebens- und Verhaltensweisen durch die Gesellschaft zugeschrieben werden (vgl. Timmermanns 2008, S.265). Da „Phobie" im Kontext der sexuellen Orientierung allerdings weniger vermeidendes, sondern häufig offensives, von negativen Vorurteilen geprägtes Verhalten aufweist, wird häufig auch der Begriff „Homonegativität" verwendet (vgl. ebd.). Im Rahmen dieser Arbeit wird jedoch aufgrund des allgemeinen verbreiteten Sprachgebrauchs weiterhin auf den Begriff „Homophobie" zurückgegriffen.

51 Zu steten, allgemeinen negativen Einflussfaktoren zählen z.B. das Wissen um die Zugehörigkeit einer sozialen, stigmatisierten d.h. mit diversen Vorurteilen behafteten Minderheit und hierauf gründenden potentiellen Diskriminierungen (vgl. Buba/Becker 2001, S.171).

neninternen Faktoren auch maßgeblich gesellschaftlichen Ursprungs. Da Selbstwert, Selbstbild und Ich-Identität stark von im Zuge unserer Sozialisierung angeeigneten Normen und Werten sowie der Beurteilung durch andere abhängen (siehe 5.1), gilt diese Feststellung sowohl für proximale als auch für distale Stressoren.

Indizien deuten Plöderl zufolge darauf hin, dass das Suizidrisiko bei Jugendlichen, die sich bezüglich ihrer sexuellen Orientierung nicht sicher waren, 2,5-fach erhöht sei (vgl. Plöderl 2005, S.77). Die Sorge, von der Norm abzuweichen und infolgedessen Diskriminierungen und Ausgrenzungen ausgesetzt zu sein, ist weit verbreitet und auf den gesellschaftlichen Umgang mit Homosexualität und anderen sexuellen Orientierungen zurückzuführen. Internalisierte Homophobie und eine Abwertung des Selbst gründet auf dem negativen Umgang mit Homosexuellen, der, wie u.a. Buba und Becker belegen, trotz Antidiskriminierungsgesetzen und Sexualaufklärung im Schulunterricht noch die Regel, nicht die Ausnahme ist. Auf Homophobie gründende Diskriminierungen reichen von direkten Handgreiflichkeiten, Übergriffen und verbalen Angriffen bis zu sehr subtilen Formen der Ausgrenzung, die sich in allen gesellschaftlichen Bereichen zeigten (Wohn- und Arbeitswelt, öffentliche Institutionen, familiäres Umfeld, Freundeskreis) und sowohl die Mikro-, die Makro-, als auch die Meso-Ebene betreffen (vgl. Buba/Becker 2001, S.145ff). Das vielfach vorgebrachte Argument, Homosexualität an sich mache krank, trifft somit nicht zu:

> The basic issue ... is not whether some or many homosexuals can be found to be neurotically disturbed. In a society like ours where homosexuals are uniformly treated with disparagement or contempt - to say nothing about outright hostility - it would be surprising indeed if substantial numbers of them did not suffer from an impaired self-image and some degree of unhappiness with their stigmatized status. ... It is manifestly unwarranted and inaccurate, however, to attribute such neuroticism, when it exists, to intrinsic aspects of homosexuality itself. (Marmor 1980, S.40; zit. nach: Meyer 2003, S.2)

5.2.2 Das Coming Out: Ende oder Beginn der Unsicherheit und Krise?

Das Coming Out bezeichnet das Bekenntnis zur eigenen, von der Heterosexualität abweichenden sexuellen Orientierung[52]. Entgegen der wortwörtlichen Bedeutung der Bezeichnung, „herauskommen", welches ein nach außen Tragen und damit Öffentlichkeit impliziert, führt das so sogenannte „innere Coming Out" nicht zwangsläufig auch zu einem öffentlichen Bekenntnis der sexuellen Orientierung, sondern kann auch ausschließlich im Bewusstsein des Betroffenen stattfinden.

Das Coming Out ist im Allgemeinen als ein mehrstufiger Prozess zu verstehen, der sich über einen ersten Verdacht und späterer Gewissheit, also dem sich Gewahr werden, über die eigene Akzeptanz bis hin zum sich Mitteilen über mehrere Jahre hinziehen kann („äußeres Coming Out"; vgl. Buba/Becker 2001, S.39). „Inneres Coming Out" bedeutet zunächst, sich seiner von der Heteronormativität abweichenden sexuellen Orientierung bewusst zu werden und diese zu akzeptieren. Oftmals ist dieser Prozess langwierig und mit erheblichen Zweifeln und Ängsten verbunden. Buba und Becker konnten in ihren Studien belegen, dass das innere Coming Out bei fast 40% der befragten schwulen Männer von ausschließlich negativen Gefühlen wie Einsamkeit, Angst, Rat- und Hilflosigkeit begleitet wurde. Über die Hälfte der Befragten hatten stark ambivalente Gefühle bezüglich ihrer Sexualität, während nur 9% ihr inneres Coming Out als ausschließlich positiv empfanden und es mit Verliebtheit, Aufregung, Neugierde und Hoffnung verknüpften (vgl. Buba/Becker 2001, S.36). Zwei Drittel der befragten lesbischen Frauen berichteten von ambivalenten Gefühlen, während 16% rein negative und 16 % ausschließlich positive Gefühle wahrnahmen[53]. Dabei erfolgen die einzelnen Stufen nicht strikt sukzessive, sondern können sich ebenso überschneiden

---

52 Dabei muss es sich nicht notwendig um Homosexualität handeln, womit „Coming Out" häufig assoziiert wird; es betrifft alle von der Norm abweichenden sexuellen Orientierungen und Neigungen, also sowohl LSBTTI-Orientierungen als auch heterosexuelle Neigungen oder Asexualtität.

53 Diese Unterschiede deuten auf einen unterschiedlichen gesellschaftlichen Umgang mit homosexuellen Männern und Frauen hin. So werden Umfragen zufolge Schwule häufiger abgelehnt als Lesben. Dies kann auf unterschiedliche, stereotype Rollenverständnisse und das subjektiv durch Homosexualität infrage gestellte Männlichkeitsideal zurückgeführt werden. Vgl. hierzu auch 6.1.1.

wie auch wieder rückläufig sein. So kann es passieren, dass aufgrund soziokultureller oder religiöser Gründe die Akzeptanz der eigenen sexuellen Orientierung schwindet und die Gewissheit hierüber, allein oder mit sogenannten „Reparativtherapien", bekämpft wird[54].

Das äußere Coming Out folgt im Durchschnitt erst einige Jahre nach dem inneren Coming Out, was, trotz einer wachsenden öffentlichen Präsenz, vor allem von Homosexuellen in den Medien (geoutete Prominente, in Fernsehserien etc.)[55], auf das Fehlen von Vorbildern, fehlendes objektives Wissen über Homosexualität (im Gegensatz zu weit verbreiteten Stereotypen und Vorurteilen) und die Furcht vor der Be- bzw. Abwertung durch andere zurückgeführt wird (vgl. ebd.). Mit dem äußeren Coming Out ist allerdings dieser Prozess nicht abgeschlossen. So stehen LSBTTI[56] bei jedem neuen sozialen Kontakt vor der Frage,

---

54 Die Begriffe „Reparativtherapie", „Konversionstherapie" oder „Reorientierungstherapie" bezeichnen (psycho-)therapeutische Methoden zur „Heilung" homosexueller Neigungen mit dem Ziel einer heterosexuellen Neuausrichtung. In Ländern wie etwa China zählt zu den Verfahren der „Reparativtherapie" ebenfalls die Anwendung von Elektroschocks (vgl. „Elektroschocks für Schwule – Mann verklagt Klinik". In: Die Welt vom 05. Okt. 2014). Die Begriffe enthalten moralische Werturteile, die den allgemein anerkannten, wissenschaftlichen Erkenntnissen widersprechen und Homosexualität als Krankheit einstufen, die heilungsbedürftig ist. Therapien dieser Art können schwere psychische Schäden für die Therapierten verursachen, sind aus diesem Grunde umstritten und werden in Anführungszeichen aufgeführt. Da Homosexualität nicht mehr als psychische Störung oder Krankheit angesehen wird (s.o.), können derartige Behandlungen in Deutschland nicht mit den Krankenkassen abgerechnet werden. Dennoch existieren auch in der Bundesrepublik zahlreiche Angebote, die eine „Heilung" von Homosexualität versprechen. Vgl. hierzu auch Deker, Christian: „Wie mich zwei Ärzte von meinem Schwulsein heilen wollten. Mit Psychotherapie und Gebeten gegen Homosexualität: Was selbsternannte Schwulenheiler bei deutschen Krankenkassen abrechnen." Die Zeit Nr. 20/2014. 9. Mai 2014 sowie Maier 2010, S.158.

55 Homosexualität sei zwar in der Pop- und Jugendkultur angekommen, heißt es in einem online Artikel der Zeitschrift „Spiegel", die Akzeptanz auf dem Schulhof habe demgegenüber aber nicht zugenommen. Laut einer Studie des niedersächsischen Sozialministeriums hätte die Ablehnung von Homosexuellen sogar erheblich zugenommen. Vgl. hierzu Quarz, Dorothea: Homo-Hass in der Schule. "Alles total verweichlichte Tunten hier". Spiegel online vom 12. Mai 2009.

56 Einer Umfrage der Familien Forschung Baden-Württemberg im Auftrag des Ministeriums für Arbeit und Sozialordnung, Familie, Frauen und Senioren ergab, dass TTI-

ob eine Geheimhaltung[57] oder eine Offenbarung ihrer Sexualität in dem betreffenden Kontext besser für sie ist. Die hierauf entwickelten Verhaltens- und Vermeidungsstrategien reichen von strikter Geheimhaltung über eine diskrete, abwägende und abwartende Zurückhaltung und Offenbarung nur auf direkte Nachfrage bis zu einer offensiven Ansprache der sexuellen Orientierung (vgl. ebd., S. 41f., 171). Das Coming Out ist demnach ein lange andauernder Prozess, der keineswegs privat erfolgt, sondern stets in einer gewissen Abhängigkeit von anderen erfolgt. Krisenerfahrungen resultieren häufig aus mangelndem familiären und sozialen Rückhalt, Diskriminierung und einer häufig vorzufindenden Diskrepanz zwischen präskriptiven und deskriptiven Normen, also öffentlich geforderter Toleranz, dem rechtlichen Schutz von Minderheiten und der tatsächlichen gesellschaftlichen Praxis (vgl. hierzu 2.1.2). Hieraus resultieren u.a. Unsicherheit, Misstrauen anderen gegenüber, Einsamkeit[58], Minderwertigkeitsgefühle und Selbstverachtung[59] bis hin zu psychosomatischen Beschwerden[60], welche von den Betroffenen auf den äußeren Druck und die subjektiv als notwendig empfundene Geheimhaltung zurückgeführt wurde. Diese kann zu einem erheblichen Energieverlust sowie einem Verlust an Lebensfreude führen, denn eine Geheimhaltung führt zwangsläufig zu dem Druck, alle Informationen kontrollieren zu müssen, was zunehmend schwieriger wird (vgl. ebd., S.43; siehe hierzu auch „Lesben und Schwule in Schulen – Raus aus der Grauzone", S.9). Die oben dargelegten Ergebnisse machen deutlich, dass sexuelle Identität nicht als individuelle Privatsache gesehen werden kann, sondern einer gesellschaftlichen Ratifizierung unterliegt und aufgrund der allgemeingültigen Heteronormativität für die Betroffenen

---

Personen in einem Zeitraum von fünf Jahren häufiger Diskriminierungserfahrungen aufgrund ihrer geschlechtlichen Identität machten als Personen, die aufgrund ihrer sexuellen Identität diskriminiert wurden (vgl. Familien Forschung BaWü 2014, „Erste Ergebnisse: Erlebte Diskriminierung").

57 Diese kann sowohl aktiv, z.B. durch sogenanntes „straight-acting" (vgl. Timmermanns 2008, S.266) oder passiv, z.B. durch das Vermeiden eindeutiger Begriffe wie „mein Freund"/"meine Freundin", stattdessen: „meine bessere Hälfte" o.ä., erfolgen.

58 Zwei Drittel der befragten Männer, ungefähr die Hälfte der befragten Frauen.

59 Ein Drittel der befragten Männer, ein Fünftel der befragten Frauen.

60 Jeder zehnte Befragte.

LSBTTI erheblich problembehaftet und teilweise mit schwerwiegenden psychischen und sozialen Konsequenzen verbunden ist (vgl. ebd., S.43).

In der Adoleszenz entdecken Jugendliche ihre Sexualität. Häufig gehen mit ihrer neu entdeckten Geschlechtlichkeit und den körperlichen Veränderungen daher oftmals Unsicherheit und Beschämung einher (vgl. Fend 2000, S.225). Dies ist für LSBTTI-Jugendliche umso belastender, da sie in aller Regel noch die Schule besuchen, wenn sie sich ihrer sexuellen Orientierung gewahr werden. Angst vor Diskriminierungserfahrungen und Stigmatisierung, Tabuisierung des Themas sexuelle Vielfalt sowie fehlende Ansprechpartner_innen und Rollenvorbilder, mit denen sie über ihre Empfindungen und ihr „Anderssein" sprechen können, lassen LSBTTI-Jugendlichen diese Phase des Heranwachsens darum häufig als ungleich beängstigender und problematischer erleben. Erikson beschreibt die Adoleszenz als Phase zwischen Identität und Identitätsdiffusion: In dieser Phase befinden sich Heranwachsende „zwischen dem, wofür er [sie] sich selbst hält, und dem, wovon er [sie] bemerkt, dass andere es in ihm [ihr] sehen und von ihm [ihr] erwarten" (Erik H. Erikson, zit. nach: Abels 2009, S.370f.). Neben den oben beschriebenen naturgemäßen Problemen, Unsicherheiten und Ängsten, die mit der Adoleszenz einher gehen, erleben LSBTTI-Jugendliche zudem, dass die gesellschaftlichen Rollenerwartungen von ihrem Selbstbild abweichen. Gesellschaftliche Rollenerwartungen, Schulkultur und Umgangsformen erschweren es den betroffenen Jugendlichen somit oftmals, dem inneren auch ein äußeres Coming Out folgen zu lassen, es folgt oft ein Versteckspiel mit der ständigen Angst vor der Entdeckung und die Vermeidung stereotyper Verhaltensweisen, Kleidungsstücke, Äußerungen etc. Zum anderen zeigen die Befunde, dass der Umgang mit LSBTTI noch nicht in dem Maße offen, tolerant und unterstützend stattfindet, wie es vielfach angenommen wird (vgl. Sinus 2008, S.87; Maier 2010, S. 155ff.), sondern insbesondere Heranwachsende in ihrem inneren und äußeren Coming Out einer Unterstützung bedürfen (vgl. Buba/Becker 2001, S.43). Diese sollte ihnen ermöglichen, nicht selbst in eine „Identitätsfalle" zu geraten (vgl. Hastedt 2013, S.31f.; siehe 4.2.2) und sich trotz einiger bestehender Unterschiede nicht selbst auf ihre Sexualität zu reduzieren oder reduzieren zu lassen, sich darüber hinaus nicht als wertlos und „unnormal" oder „abartig" und „eklig", sondern als vielseitige und darum ebenso vollwertige Mitglieder der Gesellschaft ansehen zu können, wie heterosexuelle Jugendliche.

5.3 Die Rolle der Schule in der Identitätsfindung

Zu den grundlegenden Entwicklungsaufgaben Jugendlicher gehört neben dem Erwerb intellektueller und sozialer Kompetenzen und schulischer und beruflicher Qualifikationen die Entwicklung der psychischen und sozialen Identität. Nach Fend realisieren Bildungsinstitutionen die gesellschaftliche Aufgabe der methodisierten Menschenbildung und Kulturübertragung, weil sie „an der „Seele" von Heranwachsenden, an ihren mentalen Strukturen und an ihrem Wertsystem" arbeiten (Fend 2008, S.29f.). Die psychische Identität gründet auf einem (möglichst stabilen) Selbstbild, welches zu einer starken „Ich"-Identität beiträgt. Die soziale, „Mich"- Identität[61] (vgl. Schick 2012, S.256) entsteht durch soziale Zugehörigkeit, insbesondere die Beziehungen zu Gleichaltrigen in sogenannten „Peergroups". Zu der sozialen Identität gehören ebenso aber auch die Verinnerlichung gesellschaftlicher Normen und Werte sowie der hiermit zusammenhängende Erwerb sozialer Rollen. Dementsprechend hat die Schule die Aufgabe, Heranwachsende anzuleiten und zu unterstützen, ihre Individualisierungsprozesse und Identitätsbildung zu bewältigen.

Die Schulzeit stellt die Weichen für das weitere Leben, nicht nur aufgrund der Selektions- und Allokationsfunktion, die Schule in Hinblick auf den beruflichen Werdegang hat, sondern vor allem auch, weil hier Einstellungen, Verhaltens- und Handlungsmuster und soziale Kompetenzen vermittelt werden sollen, die entscheidend sind für das weitere Leben und die eigene Identität. Vor diesem Hintergrund kommt Bildung eine zentrale begleitende, unterstützende und die Entwicklung fördernde Aufgabe zu (vgl. Fend 2000, S.378). Schule als gesellschaftlich konstruierter Lebens- und Lernort, an dem Jugendliche einen erheblichen Anteil ihrer Zeit verbringen, gilt als „[d]er Ort, an dem die zeitgenössischen Sozialcharaktere maßgeblich geformt werden (…)" (Zinnecker 1974, S.605; zit. nach: Noack-Napoles 2014, S.48).

Aufgrund des großen Zeitanteils und dieser für viele Schüler_innen als schwierig wahrgenommenen Lebensphase ist die weiterführende Schule eine zentrale Instanz in der Identitätsentwicklung Jugendlicher, und da hier ein Großteil der sozialen Kontakte entsteht, ist Schule ein bedeutender Erfahrungs- und Handlungsraum. Hier werden soziale Rollen erprobt, kennengelernt und gelernt, durch In-

---

61 Im Sinne von „me as known" (engl.: wie andere mich sehen).

teraktion mit Lehrern und Lehrer_innen und anderen Schüler/n_innen das eigene Handeln mit gesellschaftlichen Normen und Werten in Einklang zu bringen. Damit erleben Schüler_innen nicht nur ihre eigene Identitätssuche, sondern beeinflussen als regelmäßige Interaktionspartner ihrer Mitschüler_innen und als Mitglieder von Peergroups auch erheblich die Identität anderer Heranwachsender. Vor diesem Hintergrund kommt sexueller Bildung eine besondere Bedeutung zu. Sie soll dazu beitragen, dass nicht nur faktisches Wissen in der Schule vermittelt wird, sondern auch das Verhalten von Schüler/n_innen zu einem angstfreien, die Identitätsfindung aller fördernden Lernklima beiträgt.

5.3.1 Sexualaufklärung, Sexualpädagogik und sexuelle Bildung

Lange Zeit galt Schule als asexueller und getrenntgeschlechtlicher Raum. Doch seit der im 20. Jahrhundert etablierten Koedukation und der Anerkennung der Sexualpädagogik seit den siebziger Jahren ist sexuelle Aufklärung generell kein Tabu mehr. Sexualität in der Schule zu thematisieren gilt als Teil des pädagogischen Auftrags und somit des schulischen Alltags. Doch hiermit deutet sich sogleich eine Einschränkung an; denn unstrittig ist seit einem Urteil des Bundesverfassungsgerichts[62] nicht, ob sexuelle Aufklärung in der Schule stattfinden kann, sondern vielmehr, welche und in welchem Ausmaß Informationen Jugendlichen vermittelt werden[63]. Sexualpädagogik geht über bloße kognitive Inhalte, z.B. die Vermittlung von Faktenwissen über den weiblichen Zyklus, Reproduktion, Geschlechtsorgane etc., hinaus, Heranwachsende sollen im Rahmen der sexuellen

---

62 BVerfG, Beschluss des Ersten Senates vom 21. Dezember 1977 zur durch den staatlichen Erziehungs- und Bildungsauftrag begründeten Sexualerziehung in der Schule.

63 Im Hessischen Schulgesetz (HSchG) heißt es in §7 (Sexualerziehung): (1) Durch die Sexualerziehung, die als Teil der Gesamterziehung zu den Aufgaben der Schule gehört, sollen die Schülerinnen und Schüler sich altersgemäß mit den biologischen, ethischen, religiösen, kulturellen und sozialen Tatsachen und Bezügen der Geschlechtlichkeit des Menschen vertraut machen. Die Sexualerziehung soll das Bewusstsein für eine persönliche Intimsphäre und für ein gewaltfreies, respektvolles Verhalten in gegenwärtigen und zukünftigen persönlichen und partnerschaftlichen Beziehungen entwickeln und fördern sowie die grundlegende Bedeutung von Ehe und Familie vermitteln. Bei der Sexualerziehung ist Zurückhaltung zu wahren sowie Offenheit und Toleranz gegenüber den verschiedenen Wertvorstellungen in diesem Bereich zu beachten; jede einseitige Beeinflussung ist zu vermeiden."

Selbstbestimmung grundlegende Kompetenzen erwerben. Durch die „Scholarisierung der Jugendphase" (Zinnecker 2008, S.539) erlange Schule nun auch für die Partnersuche und den Erfahrungsaustausch über Beziehungen und Sexualität von Schüler/n_innen Bedeutung als „Ort praktischen sexuellen Lernens", des Begehrens und der „intimen Kommunikation" (vgl. Schmidt/Schetsche 2008, S.565). Valtl (2008) konstatiert, dass im Begriff „Sexualpädagogik" der erzieherische, beeinflussende Grundtenor zu sehr im Vordergrund stehe und dem eigentlichen Ziel einer Kompetenz der sexuellen Selbstbestimmung nicht gerecht werde (S.139). Darum spricht er von „sexueller Bildung" als „Formung und zunehmend Selbstformung der Person durch aktive Weltaneignung" (ebd., S.128). Der Pädagoge begleitet diesen Prozess zwar, aber nicht in bevormundender, vorschreibender Weise, sondern „selbstbestimmt und lernerzentriert", damit „Angebote in erster Linie für die Zielgruppe Sinn machen und nicht (nur) für [die Pädagogen] selbst" [ebd.]. Der Lernumgebung schreibt er dabei eine große Bedeutung zu; hier sollen die Lernenden aktiv und angstfrei sexuelle Themen im Unterricht bearbeiten und in der Schule als sozialem Raum die Vielfalt der Geschlechter und sexuellen Lebensformen kennenlernen, wahrnehmen und wertschätzen, wozu auch eine Reflexion der Sprache[64] und Umgangsformen zählen (vgl. ebd., S.129; siehe hierzu auch 6.1 und 6.2). Nur eine Lernumgebung, die dies zu gewährleisten vermag, unterstütze eine selbstbestimmte Sexualität im Sinne einer freien Entfaltung der Persönlichkeit. So sei sexuelle Bildung immer auch Aufklärung über kognitiv zu vermittelnde Inhalte, doch führe sie nicht zu Bevormundung und einer versuchten Kontrolle der sexuellen Entwicklung Jugendlicher. Valtl zufolge liegt die Kunst einer fortschrittlichen, demokratischen Gesellschaft darin, eine Balance herzustellen zwischen öffentlicher Verantwortung und individueller Selbstbestimmung (vgl. ebd., S.130).

Sexuelle Bildung hat somit nicht nur den Anspruch, Heranwachsende individuell hinsichtlich der Fragen über ihre eigene erfahrene Sexualität zu unterstützen, zu beraten und aufzuklären. Wie oben dargelegt wurde, gilt die Schule als sozialer, von Interaktion geprägter Ort. Im Zuge der Pubertät haben die Jugendlichen nicht nur theoretische Fragen zur Sexualität im Sinne der menschlichen Fort-

---

64 So offenbaren sich Sexualnormen häufig unbewusst im Sprachgebrauch, z.B. durch Schimpfwörter („Tucke", „Tunte", „Schwuli", „Schwuchtel" oder „Kampflesbe") oder in Witzen (vgl. Lautmann 2008, S.210).

pflanzung, wie es etwa im Sexualkundeunterricht thematisiert wird. Für sie ist dieses Thema anders als viele andere emotional besetzt, weil Verliebtheit, Liebeskummer und Eifersucht neu erlebt und Sexualität zunächst auch von Unsicherheit und Scham begleitet wird. Insbesondere durch die Peergroup kommt Sexualität in der Schule eine besondere Bedeutung zu, weil hier potentielle Partner gesucht und gefunden, Erfahrungen ausgetauscht und sexuelle Themen besprochen und bewertet werden (vgl. Schmidt 2014, S.250, 255). Sexueller Bildung kommt laut Valtl darüber hinaus darum auch eine politische Dimension hinzu, was die Herauslösung der Sexualität aus dem Privaten und eine Abkehr von der Ansicht, Sexualität sei Privatsache, nach sich ziehen müsse. Da Sexualität jeden Lebensbereich betreffe, müsse sexuelle Bildung

> die Menschen dazu befähigen, zu politisch relevanten Themen wie sexuelle Gewalt, Gleichstellung der Geschlechter oder sexuelle Minderheiten als kompetente BürgerInnen einer demokratischen Gesellschaft mitreden und handeln zu können. Sie sollten diese Themen und ihre politische Dimension differenziert einschätzen können und auf (reißerische) Nachrichten zu sexuellen Themen nicht in naiver Emotionalität reagieren. (ebd., S.137)

Sexuelle Bildung beinhaltet demnach mehr als Gespräche über Fortpflanzung und Sex. Hier sollen auch Stigmatisierungs- und Etikettierungsprozesse erkannt und Devianz fördernde Strukturen der Gesellschaft thematisiert werden, indem der Begriff „Normalität“ kritisch reflektiert wird. Bislang sei Bildung Heinrichs` Auffassung nach „ein prozessuales Geschehen, in dem Begehren gelernt und in Zuordnung zur Anatomie verstanden wird, in der Menschen als entweder nur männliche oder nur weibliche aufeinander bezogen werden“ (Heinrichs 1999, S.233f.). Die menschliche Sexualität sei laut Kluge (2008) aber faktisch nicht mehr auf den Zweck der Fortpflanzung begrenzt, sondern diene u.a. auch der individuellen Bedürfnisbefriedigung, der Festigung von Beziehungen und der Identitätsfindung und schließlich dem Lustgewinn, womit Sexualität auch zum Selbstzweck werde (vgl. S.71). Vor dem Hintergrund dieser vielfältigen, zweckrationalen Begründungen werde der Vielseitigkeit des Begehrens allerdings immer noch wenig Rechnung getragen (vgl. Schmidt 2013, S.251). Eine Studie der Bundeszentrale für gesundheitliche Aufklärung (BZgA; 2010) zu diesem Thema zeigt zwar den hohen Stellenwert der Schule als Instanz zur Vermittlung von sexualbezogenem Wissen in den Augen der befragten Jugendlichen auf, doch findet hier

Sexualerziehung offenbar vor allem im Rahmen des klassischen Sexualkundeunterrichts in Form biologischen Faktenwissens statt (vgl. S.40, 65f.), während ethische und moralische Dimensionen von Themen wie Schwangerschaftsabbruch, sexueller Gewalt oder Homosexualität bedeutend seltener thematisiert werden (vgl. ebd., S.42; siehe hierzu auch 6.3.2). Die Akzeptanz der Vielfalt von sexuellen Orientierungen und Identitäten werde allerdings nicht als Ziel benannt (vgl. Schmidt 2014, S.251). Zu einem ähnlichen Ergebnis kommt auch Bittner (2011) in ihrer Analyse der Repräsentation von Geschlecht und sexueller Vielfalt in Schulbüchern (vgl. S.13ff; siehe 6.3.2). Heterosexualität gelte immer noch als Idealnorm[65], Fokus der Sexualerziehung sei die Familie und die Gleichberechtigung der zwei Geschlechter. Im Rahmen der Aufklärungsarbeit werden dementsprechend bislang überwiegend hiermit einher gehende Inhalte thematisiert. Die Grenzen der Sexualpädagogik und -aufklärung werden dabei von der Gesellschaft gesetzt und folgen ihren Normen und Werten. Intersexualität als „drittes Geschlecht" werde hier nicht aufgegriffen (vgl. Bittner 2011, S.69; 77f.; siehe auch 6.3.2).

Mit Verweis auf Grundrechte wie sexueller Selbstbestimmung und freier Entfaltung der Persönlichkeit und in Hinblick auf die unsere demokratische Gesellschaft prägenden Werte wie Toleranz, Empathie und Respekt sowie die Vielfalt von Menschen im Allgemeinen schützenden Gesetze ist darum der Frage nachzugehen, inwiefern die schulische Sexualerziehung auch der oben angesprochenen politischen Dimension Rechnung trägt. Tragen Schule und Schulsystem strukturdeterministisch zu einem Erhalt bzw. einer Festigung geschlechtsspezifischer Stereotypen und Vorurteile bei, ist eine Etablierung nicht-diskriminierender Verhaltensweisen schwer zu erreichen. Hierin spiegelt sich sodann wider, was auch PISA-Ergebnisse aufgezeigt haben und was zu der Einführung von Bildungsstandards und Kernkompetenzen geführt hat. Was Toleranz in Bezug auf LSBTTI (und auch andere Themen) bedeutet, ist dann sicherlich bei den Lernenden zwar abrufbar, dieses Wissen allerdings stellt noch keine Kompetenz dar. In diesem Sinne ist eine emanzipatorische Sexualerziehung anzustreben, welche zur Gleichberechtigung befähigt und Partnerschaft und Verantwortung hervor-

65 Dieser Umstand führte zu der Bezeichnung „Heterosexismus", „Heteronormativität" (vgl. Bittner 2011, S.16) oder „Zwangsheterosexualität" (vgl. Lautmann 2008, S.214). Vgl. hierzu 2.3.

hebt, anstatt ausschließlich die (klassische) Ehe und Familie zu fokussieren. In diesem Zusammenhang gewinnt auch Solidarität an praktischer Bedeutung in Form eines „Eintreten[s] für alle, die ihr Recht auf Selbstbestimmung und Mündigkeit nicht ausreichend wahrnehmen können" (Timmermanns 2008, S.267).

6 LSBTTI in der Schule

Der Erziehungsauftrag der Schule ist fest in Artikel 6 und 7 des Grundgesetzes verankert. Schule habe vor diesem Hintergrund „die Schüler in einer Weise zu beeinflussen, dass sie die bestehenden politischen Verhältnisse erkennen, sie akzeptieren und sich ihren Forderungen gemäß verhalten lernen" (Fend 1974, S.174; zit. nach: Noack-Napoles 2014, S.48). Diese Aufgabe impliziert, dass Schüler_innen diese Forderungen nicht nur kennen, sondern mittels schulischer Erziehung auch verinnerlichen. Dass der Schule auch eine besondere Bedeutung in der Identitätsfindung, nicht zuletzt auch unter Berücksichtigung der Anliegen der Sexualbildung o.ä. zukommt und maßgeblich an der Sozialisierung von Heranwachsenden beteiligt ist, wurde in Kapitel 5 erläutert und begründet.

Trotz steigender medialer Präsenz haben Schüler_innen nur verhältnismäßig selten persönlichen Kontakt zu LSBTTI. Wie die vorangegangen Kapitel aufgezeigt haben, hat dies vielseitige Gründe. Auf der einen Seite werden LSBTTI im Alltag oft gar nicht als solche wahrgenommen, weil sie häufig, wenn nicht sogar überwiegend, nicht den herrschenden Stereotypen entsprechen und darum nicht aufgrund von Klischees „geortet" werden können. Auf der anderen Seite liegt es häufig auch gar nicht im Interesse der betroffenen Personen, sich überall sofort als LSBTTI zu erkennen zu geben. Dies kann auf Vermeidungsstrategien wie dem „straight acting" (vgl. Timmermanns 2008, S.266; siehe hierzu auch 5.2.2) aus Angst vor Diskriminierung und Unsicherheit zurückzuführen sein, als auch das Bedürfnis widerspiegeln, nicht auf seine Sexualität reduziert zu werden oder diese als Privatsache respektiert wissen zu wollen, ungeachtet dessen, ob die Person möglicherweise grundsätzlich geoutet ist und die Sexualität selber gar nicht als problematisch empfindet[66].

Die Einstellung der Menschen zu LSBTTI und damit der Umgang mit Personen, die nicht der heterosexuellen Norm entsprechen, werden maßgeblich durch die Gesellschaft bestimmt. Die Probleme, die mit LSBTTI einhergehen, sind, wie oben dargelegt wurde, überwiegend auf diesen voreingenommenen Umgang zurückzuführen. Doch hierin besteht ein circulus vitiosus: Da nur diejenigen

66 In diesem Kontext stellt sich die Frage, ob ein als LSBTTI geouteter Mensch sich zu erkennen geben muss und welche Aufgabe sexueller Bildung vor diesem Hintergrund zukommt.

LSBTTI- Personen als solche auffallen, die bewusst oder unbewusst offensiv, vielleicht sogar in den Augen einiger Menschen provokativ auftreten, werden die herrschenden Stereotype und Vorurteile immer wieder neu bestätigt und gefestigt. Dass bei weitem nicht alle diesem Bild entsprechen, kann nicht wahrgenommen werden, sofern es keine ersichtlichen Abweichungen von der Norm gibt. Dies führt bei einigen LSBTTI- Personen zu einem umso offensiveren Verhalten, um darauf aufmerksam zu machen, dass sie ein Teil der Gesellschaft darstellen und ebenso respektiert und anerkannt werden wollen und sollten, wie andere Gesellschaftsmitglieder. Obgleich die eigene Sexualität nicht zwingend als problematisch empfunden wird, kann dies bei anderen LSBTTI- Personen allerdings dazu führen, sich aus den oben genannten Gründen umso mehr von der Gruppe der LSBTTI-Personen zu distanzieren, um nicht Opfer eines Schubladendenkens und teilweise gefährlicher Vorurteile zu werden. So stellt die GEW in ihrer Broschüre „Lesben und Schwule in Schulen. Raus aus der Grauzone" (2007) fest:

> „Eine wichtige Rolle spielt hierbei das Vorurteil, dass lesbische Pädagoginnen und schwule Pädagogen ein sexuelles Interesse an gleichgeschlechtlichen Schüler/n_innen hätten. Die Unterstellung, offen lebende Lesben und Schwule würden Jugendliche zu ihrer Orientierung verführen, stellt ihre Eignung für pädagogische Berufe in Frage. (S.8)

Einem Klischee nach werden schwule Männer beispielsweise oft mit Pädophilie oder HIV assoziiert und lesbische Frauen als „Männerhasser" eingestuft, vermutlich, weil ihre Sexualität offensichtlich nicht dem Zwecke der Fortpflanzung dient. Diese Vorurteile stellen schwerwiegende Persönlichkeitsrechtsverletzungen dar und gefährden die gesellschaftliche Integrität der Betroffenen erheblich und können, wie in Abschnitt 5.2.1 dargelegt wurde, schwerwiegende psychische und soziale Folgen haben.

Das Thema „LSBTTI" in der Schule ist somit an mehrere Zielgruppen gerichtet: Die Thematisierung im Rahmen der interdisziplinären sexuellen Bildung soll Schüler/n_innen, die sich im Prozess ihrer Identitätssuche befinden und unsicher oder ängstlich bezüglich ihrer sexuellen Identität und Orientierung sind, unterstützen, fördern und ihnen somit die Chance auf eine angstfreie, selbstbewusste und positive Entwicklung ihrer Persönlichkeit und Ich-Identität ermöglichen, von der Sexualität allerdings nur einer von vielen Aspekten ist. Schüler_innen, die keine Zweifel an ihrer Sexualität hegen, sollen Toleranz nicht nur oberflächlich zeigen, sondern verinnerlichen und damit befähigt werden, diese auch zu praktizieren um so selber aktiv zu einem toleranten Lernumfeld Schule beizutragen. Gerade hierin zeigt sich innerhalb der Gesellschaft eine deutliche Diskrepanz zwischen Theorie und Praxis[67]. Während in den Umfragen fast jeder Toleranz einen hohen Stellenwert einräumte und diese befürwortete, waren trotzdem die Einstellungen zu konkreten gesellschaftlichen Themen eher intolerant und abwertend. Zu einem ähnlichen Ergebnis kam eine Studie von Timmermanns (2003) in Form von Schülerbefragungen, auf die in Abschnitt 6.2.3 eingegangen wird. Schüler_innen sind unter Umständen aber möglicherweise nicht nur direkt selbst betroffen, sondern auch als Kinder aus sogenannten „Regenbogenfamilien" oder allgemein von LSBTTI-Eltern auf einen offenen, respektvollen Umgang mit dem Thema angewiesen. Auch sie sind vor Diskriminierung und Mobbing und vor Stigmatisierung und Beeinträchtigung ihrer Identitätsentwicklung zu schützen.

Bezüglich sexueller Bildung sind besonders die Einstellungen von Lehrer/n_innen bedeutend und einflussreich: Dies erklärt sich einerseits aus ihrer pädagogischen Verantwortung, ihrem Bildungsauftrag, der immanenten Vorbildfunktion und ihrer Fürsorgepflicht. So konnte festgestellt werden, dass Lehrer_innen bewusst oder unbewusst durch ihr Verhalten homophobe Einstellungen begünstigen, aber auch dagegen wirken können. Die Schule ist immer noch ein Ort, an dem LSBTTI Jugendliche insbesondere von Mitschüler/n_innen diskriminiert und diskreditiert werden[68], selten aber Unterstützung durch Lehrkräfte

67 So zeigten die Ergebnisse des Sinus- Forschungsprojektes, dass eine vordergründige Anpassung an gesellschaftliche Erwartungen bezüglich Toleranz dazu führte, dass die Diskriminierung sexueller Minderheiten nicht mehr wahrgenommen und so auch kein Handlungsbedarf mehr gesehen werde („Da ist viel passiert, alles ist toleranter geworden"; „Da muss man nicht mehr viel tun"; vgl. Sinus 2008, S.86f.). Offenheit und Toleranz gegenüber Homosexualität ist dieser Studie zufolge nur in bestimmten Milieus anzutreffen, eine gesamtgesellschaftlich wachsende Akzeptanz ist hier nicht ersichtlich. Die Gleichstellung homosexueller Menschen wird faktisch für überflüssig gehalten.

68 „Schwuler"/"schwul" und „Lesbe"/"lesbisch" und Abwandlungen hiervon wie etwa „Schwuli", „schwule Sau", „Schwuppe", „Schwuchtel" etc. zählen zu den auf deutschen Schulhöfen am meisten gebrauchten Schimpfwörtern. 62% aller Sechstklässler_innen und 54% aller Neunt- und Zehntklässler_innen gaben an, in den 12 Monaten vor der Befragung mindestens einmal „schwul" oder „Schwuchtel" als Schimpfwort verwendet zu haben. Auch der Begriff „Lesbe" wurde von 40% bzw. 22% der befragten Schüler_innen

finden (vgl. Sielert/Timmermanns 2011, S.13). Andererseits sind aber auch einige Lehrkräfte selber betroffen und somit diversen Problemen ausgesetzt, die u.a. auf den oben genannten Vorurteilen und Stereotypisierungen beruhen und die Lehrkräfte teilweise an der Ausübung ihres Berufes hindern oder diese stark beeinträchtigen[69]. Auch für die LSBTTI Lehrer_innen stellt sich im beruflichen Alltag häufig die Frage, ob sie sich outen oder ihre Sexualität lieber verschweigen sollten. Auf der einen Seite machen sie sich angreifbar (s.o.), müssen sich aber nicht mehr auf die Geheimhaltung konzentrieren und befürchten, dass ihr Geheimnis heraus kommen könnte. Auf der anderen Seite sind Lehrer_innen, die ihre sexuelle Identität verbergen, oftmals psychisch sehr belastet und gezwungen, Ausreden und Notlügen zu erfinden, ausweichend und geschlechtsneutral zu sprechen, was anstrengend ist und viel Energie beansprucht. Auf die Gruppe der Lehrkräfte wird darum in Abschnitt 6.2 näher eingegangen.

6.1 Die Einstellung der Schüler_innen

Sexuelle Diskriminierungen im Schulalltag sind ubiquitär. Laut einer Expertise für die Antidiskriminierungsstelle des Bundes sind sie in allen Schulformen unterschiedlich stark anzutreffen und betreffen alle Menschen, denen eine „abweichende" sexuelle Präferenz nachgesagt wird (vgl. Jennessen et al. 2013, S.48)[70]. Für die Einstellung bezüglich LSBTTI konnten unterschiedliche kausale Effekte lokalisiert werden, welche verschiedene pädagogische Implikationen, Konsequenzen und Ansatzpunkte für sexuelle Bildung und den Bedarf an wertschätzender, anerkennender Toleranz von LSBTTI in der Schule aufzeigen.

---

negativ als Schimpfwort benutzt. Explizite positive Bewertungen gegenüber der Gruppe der Lesben oder Schwulen wurden Klocke zufolge dagegen kaum geäußert oder wahrgenommen (vgl. Klocke 2012, S.5, 47f.).

Vgl. hierzu auch Osel, Johann: „'Schwuchtel' geht flott über die Lippen" in Süddeutsche.de vom 04. März 2013.

69 Vgl. GEW „Raus aus der Grauzone – Farbe bekennen" 2012, S.62f.

70 27% der befragten Berliner Schüler_innen aller Schulformen bejahten die Aussagen „Es ist ekelhaft, wenn sich Homosexuelle in der Öffentlichkeit küssen" und „Homosexualität ist etwas Schlechtes" (vgl. Umfrage von Baier & Pfeiffer 2010/2011 in: Klocke 2012, S.8).

6.1.1 Intersektionale Effekte

Alter, Geschlecht, soziale Schichtzugehörigkeit und ethnischer Hintergrund konnten in diversen Studien (vgl. Sinus 2008; Klocke 2012; Jennessen et al. 2013) sowohl gesamtgesellschaftlich als auch unter Schüler/n_innen als wichtige Einflussfaktoren negativer Einstellungen gegenüber LSBTTI festgestellt werden. Andererseits wirken sich bei der Befragung junges Alter, das Leben in einer Großstadt sowie ein hohes Bildungsniveau positiv auf die Einstellungen der Befragten aus. Dies ist damit zu erklären, dass jüngere Befragte noch weniger vorurteils- und stereotypbehaftet sind und überwiegend noch keine gefestigten Meinungen haben. Diese Erkenntnis weist darauf hin, dass es wichtig ist, bereits früh LSBTTI im Rahmen sexueller Bildung zu thematisieren. Dabei muss Aufklärung hier keineswegs explizit sexuellen Charakters sein, sondern kann beispielsweise die Integration alternativer Familien- und Partnerschaftskonstellationen in den Unterricht beinhalten[71]. Da sich das Bildungsniveau auf die Fähigkeit zum schlussfolgernden Denken und zur Reflexion auswirkt, kann hier auch eine positivere Einstellung gegenüber Homosexualität verzeichnet werden (vgl. ebd.).

Mädchen sind Timmermanns Evaluation nach liberaler als Jungen (vgl. Timmermanns 2003, S.124). Auch Klocke (2012) zufolge hegen junge weibliche Befragte insgesamt positivere Einstellungen gegenüber Homosexuellen[72] als junge männliche Befragte (vgl. S.8, 15), was sich auch in der impliziten Einstellung, also unbewussten Bewertungen, zeigte. Es wird angenommen, dass Jungen aufgrund von Gender-Konstruktionen und dem herrschenden Männlichkeitsideal tendenziell eher traditionellen Geschlechterrollen anhängen und in ihrer Wahrnehmung SBTTI-Personen diesen Geschlechterrollen widersprechen[73]. Auch seien sie stär-

---

71 Zum Beispiel auch durch Bilder von „Regenbogenfamilien“, welche die bestehenden Bilder heterosexueller Familien ergänzen; analog hierzu Bilder z.B. händchenhaltender Männer- und Frauenpärchen; Jugendliteratur, in der auch homosexuelle Charaktere vorkommen; Jugendliteratur wie „Die Wilden Hühner und die Liebe“ von Cornelia Funke oder „Jack“ von A.M. Homes etc.

72 In diesem Kontext wurde nur nach der Einstellung zu Homo- und Bisexualität gefragt.

73 Jungen hätten eher Vorbilder und Idole wie Sänger und Bands, die sich homophob äußern und imitieren die Sprüche und Ansichten ihrer Idole eher, um hierdurch dem hegemonialen Männlichkeitsideal besser zu entsprechen, Stärke zu demonstrieren sowie durch Gelächter soziale Anerkennung erhalten (vgl. Klocke 2012, S.16). Dabei ist darauf

ker hierarchie- und dominanzorientiert und aus diesem Grund weniger an einer Gleichberechtigung sozialer Minderheiten interessiert (vgl. ebd., S.15)[74]. Die Ergebnisse der Befragungen von Jungen spiegeln das gesamtgesellschaftliche Ergebnis wider, dass Anhänger traditioneller, konservativer Geschlechterrollen negativere Einstellungen gegenüber LSBTTI aufweisen (vgl. ebd., S.10). Die Zugehörigkeit zu einer sozialschwachen Schicht und/oder ein Migrationshintergrund verstärken diesen Effekt.

Auch Jugendliche mit Migrationshintergrund (hier: der Türkei, anderen islamischen Ländern oder Ländern der ehemaligen UdSSR) zeigten in den von Klocke analysierten Studien negativere Einstellungen gegenüber LSBTTI. Allerdings lasse dies verschiede Rückschlüsse zu. So spiele die soziale Schichtzugehörigkeit und das damit verbundene Bildungsniveau eine maßgebliche Rolle, welches im Durchschnitt bei Jugendlichen mit Migrationshintergrund schlechter sei[75]. Jennessen et al. zufolge werde das Männlichkeitsbild sozialschwacher Schichten, zu denen Jugendliche mit Migrationshintergrund überwiegend gehören, von „ex-

---

hinzuweisen, dass hier vor allem Stereotype und gesellschaftliche Vorurteile meinungsbegründend sind.

74 Jones et al. (2014) führen dieses hierarchieorientierte Denken auf Zeiten zurück, in denen Männern die Rolle des Jägers und Beschützers zukam und aus diesem Grund Frauen übergeordnet waren (vgl. S.157) und begründen Dominanzorientierung als testosteronbedingt (vgl. ebd., S.158). Sofern es sich hierbei nunmehr allerdings um sozial generierte Verhaltensstrukturen handelt, betrifft dies zwar nicht die Ergebnisse und den festgestellten Geschlechterunterschied, hat aber Einfluss auf die soziale Implikation insofern aufgezeigt wird, dass Gender einen großen Einfluss auf die Wahrnehmung und Einstellung hat. Infolgedessen ist zu prüfen, ob nicht nur die Einstellungen bezüglich LSBTTI, sondern auch die sozialen Ursachen für negative Einstellungen im Rahmen der schulischen Erziehung thematisiert und reflektiert werden sollten.

75 Dabei zählen sozial schwache Jugendliche mit Migrationshintergrund, insbesondere männliche Migrantenkinder, zu den sogenannten „Bildungsverlierern". Aufgrund von Stereotypen und Vorurteilen betrifft dies nachweislich auch noch Nachkommen der zweiten und dritten Generation. Unstrittig ist, dass Kinder mit Migrationshintergrund allgemein wesentlich häufiger ohne einen allgemein bildenden Schulabschluss bleiben, als Deutsche. Kommt es allerdings zu einem Schulabschluss, dann ist es häufiger ein Hauptschulabschluss und seltener ein Realschulabschluss oder das (Fach-)Abitur (vgl. Siegert 2008, S.5).

ternalisierendem Verhalten und Gewaltaffinität" geprägt (vgl. Jennessen et al. 2013, S.48). Zudem können negative Einstellungen gegenüber LSBTTI auch auf den eigenen Minderheitenstatus und eine subjektiv empfundenen Bedrohung der eigenen ethischen Identität zurückgeführt werden („symbolic threat", vgl. Jones et al. 2014, S.163), welche teilweise dazu führen, dass andere Minderheiten abgewertet werden, um die eigene soziale Gruppe aufzuwerten (vgl. Klocke 2012, S.9, 16; siehe hierzu auch 4.1.2). Ähnliche Effekte seien auch bei Migrantinnen und Migranten zu erwarten, in deren Kultur Homosexualität als „Merkmal westlicher Dekadenz" angesehen werde (vgl. ebd., S.16)[76]. Jennessen et al. (2013) konstatieren, dass sozial schwache, männliche Jugendliche, insbesondere mit Migrationshintergrund,

> durch ihre Stigmatisierung als „unnormale Unterschichtler" einen männlichen Identitätsverlust [erleben], der mittels einer Konstruktion von Männlichkeit zu kompensieren versucht wird, die bestimmt ist von aggressiven Körperinszenierungen und übersexualisiertem Verhalten (...). Ein heterosexueller, selbstbewusster, durchsetzungs- und leistungsfähiger Mann zu werden - der zudem noch kulturell kongruent ist, also einen positiven Bezug zu „seiner" Kultur lebt -, der gesellschaftlichen Normalität also in vollem Maße zu entsprechen, das erscheint Jungen, denen diese Normalität ansonsten ausschließlich negativ, in Form von Ausschluss und diskriminierenden Zuschreibungen, begegnet, als ungemein verlockend. Ein Symptom der praktischen Umsetzung dieser Verlockung ist die grassierende Homophobie. (S.48)

Diese Feststellung entspricht der in Abschnitt 4.2.3 erläuterten „scapegoat"-Theorie. Auch das Maß des Konservatismus, welcher traditionelle Geschlechterrollen (Männlichkeits- und Weiblichkeitsnormen), Religion (insbesondere fundamentalistische Religiosität), soziale Dominanzorientierung und Konformitätsdruck durch die Familie spiele bei dem Einfluss des Migrationshintergrunds eine entscheidende Rolle (vgl. Klocke 2012, S.11). Türkische Jugendliche, die besser integriert waren, zeigten indes auch positivere Einstellungen gegenüber LSBTTI (vgl. ebd., S.9).

---

76 Klocke spricht hier zwar von Homosexualität, es ist aber anzunehmen, dass sich diese Einstellung auch auf LSBTTI beziehen lässt.

6.1.2 Demaskierte Vorurteile und der Effekt des persönlichen Kontakts

In Großstädten herrscht allgemein eine höhere Heterogenität und Vielfalt der Lebensstile, was einem toleranten sozialen Klima zugutekommt. Zudem kann davon ausgegangen werden, dass LSBTTI in Großstädten häufiger auftritt, sichtbarer ist (zum Beispiel durch entsprechende Cafés, Zeitschriften, Straßenfeste etc.) und damit die Befragten eher bereits persönliche Kontakte zu LSBTTI hatten oder LSBTTI sogar aus ihrem persönlichen Umfeld kennen. Der persönliche Kontakt mit LSBTTI konnte Klocke zufolge in vielen Einzelstudien nicht nur korrelativ, sondern auch experimentell mit einer positiven Einstellung in Zusammenhang gebracht werden. Da Mädchen allerdings allgemein positivere Einstellungen gegenüber LSBTTI zeigen, haben sie wahrscheinlich eher auch mehr Kontakt vor allem zu Homosexuellen, die sich ihnen gegenüber wahrscheinlicher offenbaren als gegenüber Jungen, denen eine tendenziell eher negative Haltung nachgewiesen werden konnte. Generell bewirke ein persönlicher Kontakt eine positivere, aufgeschlossenere Haltung, so dass nicht davon ausgegangen werden kann, dass Kontakte zu LSBTTI primär ursächlich für eine positivere Einstellung sind, und nicht etwa eine positive Grundeinstellung der Grund dafür ist, dass Kontakt gesucht wird.

Auch Timmermanns (2003) kam in seiner Evaluation schwul-lesbischer Aufklärungsprojekte zu dem Ergebnis, dass Toleranz durch den Kontakt zu Homosexuellen zunehme und Vorurteile durch direkte Konfrontation und Widerlegung von Stereotypen abgebaut würden (vgl. S.124). Dieser Effekt hatte allerdings nicht Bestand; Befragungen zwei Monate nach entsprechenden Schulprojekten ergaben, dass die allgemeine Ablehnung von LSBTTI wieder zunahm und sich dem Ausgangsniveau näherte (vgl. ebd., S.126). Er führt dies darauf zurück, dass sich aufgrund der durchgeführten Längsschnittstudie die Fragen mehrfach wiederholten, was von den Schüler/n_innen unter anderem mit Kommentaren wie „Was soll das denn? Immer die gleichen Fragen!" kommentiert wurde (vgl. ebd., S.125). Zum anderen kann dies aber auch ein Indiz dafür sein, dass Einzelprojekte nur kurzfristig wirkungsvoll sind, die Erinnerung an die Begegnung mit LSBTTI aber nach einiger Zeit verblasst und alte Stereotype und Vorurteile wieder dominieren. Insbesondere bei Jugendlichen aus Familien, die sehr vorurteilsbehaftet sind oder die ansonsten in einem eher LSBTTI-ablehnenden Milieu verkehren, sei hiervon auszugehen. Da Befragungen von Jugendlichen, die bereits Homosexuelle aus ihrem persönlichen Umfeld kennen, deutlich positivere Einstellungen erkennen ließen (vgl. ebd., S.128), ist davon auszugehen, dass beide Begründungen zutreffen. So ist einerseits mit hoher Wahrscheinlichkeit das persönliche Umfeld Homosexualität gegenüber positiver eingestellt, wenn sich geoutete, wertgeschätzte Homosexuelle im Bekanntenkreis befinden und aufgrund dessen ein aufgeschlossenerer Umgang vorgelebt und von den Bezugspersonen erwartet wird, andererseits ist dieser Eindruck nachhaltiger und darum dauerhaft präsenter als einmalige Begegnungen.

Die Auswertung der Fragebögen zeigte ebenfalls, dass Jugendliche ohne persönlichen Kontakt offenbar toleranter gegenüber LSBTTI eingestellt sind, wenn es um allgemeine Aussagen geht, ihre Toleranz aber an Grenzen stößt, sobald es sich konkret um LSBTTI in ihrem persönlichen Umfeld handelt (vgl. ebd., S.127, 131). So waren die Jugendlichen in allgemeinen Fragen zum Thema Homosexualität deutlich offener und toleranter, als bei der Beantwortung der Fragen, in denen fiktiv eine persönliche Nähe zu einem Homosexuellen erzeugt wurde. Auch Klocke kam in seiner Studie an Berliner Schulen zu dem Ergebnis, dass die kognitiven Einstellungen (im Ergebnis eher zustimmend) von den affektiven Einstellungen (neutral bis ablehnend) abwichen. So war zwar eine große Mehrheit dafür, dass Lesben und Schwule gleiche Rechte haben sollten wie Heterosexuelle und vertrat die Auffassung, dass homosexuelle Beziehungen und Sexualität ebenso gutzuheißen seien wie heterosexuelle. Nach ihren Empfindungen befragt wich diese Einstellung aber von den gegebenen Antworten ab. Demzufolge würde die Mehrheit der Schüler_innen es als unangenehm empfinden, sich in einer Gruppe homosexueller Jugendlicher zu befinden oder von einer Person des gleichen Geschlechts öffentlich geküsst zu werden, sich in eine Person des gleichen Geschlechts zu verlieben, von einer befreundeten Person in ein schwules oder lesbisches Café mitgenommen zu werden oder einen transsexuellen Freund oder eine transsexuelle Freundin zu haben (vgl. Klocke 2012, S.56f.). Hieran wird deutlich, dass Jugendliche stark vorurteilsbehaftet gegenüber LSBTTI sind, obgleich sie sich der Wichtigkeit von Toleranz bewusst sind. Theoretisch finden sie LSBTTI „ok", sobald sie aber selber damit in Verbindung gebracht werden, dominieren Vorurteile und die Angst vor Stigmatisierung, Ausgrenzung und Diskriminierung. Zusammenfassend haben die Befragungen zu dem Ergebnis geführt, dass eine direkte Konfrontation förderlich ist, um Vorurteile abzubauen. Doch gilt dies nicht für einmalige Projekte; persönliche Begegnungen müssen wiederholt stattfinden und Anknüpfungspunkte für weitere Thematisierungen darstellen, um nicht nach kurzer Zeit in der Erinnerung zu verblassen und alten Vorurteilen

Platz zu machen. Je mehr Kontakt besteht, desto vertrauter würden Homo- und Bisexuelle erlebt, was sich auch positiv auf die impliziten Einstellungen, nichtintentionales Verhalten und automatische Reaktionen auswirke (vgl. ebd., S.16). zu gleichem Ergebnis kommt auch Nelson. Interpersoneller Kontakt ist ihm zufolge ein zuverlässiger und entscheidender Prädiktor für das Ausmaß nachfolgender Homophobie: Je häufiger Kontakt bestehe, desto weniger häufig treten homophobe Vorurteile auf (vgl. Nelson 2006, S.269).

6.2 Der Einfluss der Lehrkräfte auf die Einstellung zu LSBTTI

Den Ergebnissen einer Studie der BZgA zufolge werden Lehrer_innen generell von ihren Schüler/n_innen nicht als Vertrauenspersonen angesehen, wenn es um Sexualität geht (vgl. dazu BZgA 2010, S.15f.). Das bedeutet, dass sie zwar kompetente Ansprechpartner sein können, sich dies aber primär auf allgemeines biologisches Faktenwissen und nicht auf persönliche Fragen und die eigene Sexualität der Jugendlichen bezieht. Trotzdem hat das Verhalten der Lehrer_innen einen bedeutenden Einfluss nicht nur auf das Wissen, sondern insbesondere auch auf die Einstellungen und das Verhalten ihrer Schüler_innen gegenüber LSBTTI (vgl. hierzu 5.1.1)[77].

Insbesondere die Klassenlehrer_innen haben durch ihren Status eine Vorbildfunktion inne, denn die Heranwachsenden orientieren sich in ihrem Denken und Verhalten an den vorgelebten Normen und Werten ihrer Bezugspersonen. Aus dem beobachteten Verhalten der Lehrkräfte schließen Jugendliche auf Erwartungen ihrer Bezugspersonen an ihr eigenes Verhalten (dies stellt den sogenannten „heimlichen Lehrplan“ dar; siehe 6.3). So kann davon ausgegangen werden, dass Schüler_innen über LSBTTI feindliche Witze lachen und diese eher auch selbst erzählen, wenn sie ein ähnliches Verhalten von ihren Lehrer_innen kennen. In der Auswertung einer Befragung an Berliner Schulen wurde zusammengetragen, dass insgesamt 25% der Lehrer_innen mitlachte, wenn Witze über Schwule oder

77 Die Einstellung der Lehrkräfte wird dabei entscheidend vom Umgang der Schulleitung mit LSBTTI geprägt. Die Vorbildfunktion der Schulleitung ist maßgeblich für den Umgang der Lehrkräfte mit homophobem Verhalten von Schüler/n_innen und ist daher auch aufgefordert, sich hinter die Lehrkräfte zu stellen, sofern es diesbezügliche Auseinandersetzungen mit Eltern gibt.

Lesben gemacht wurden (vgl. Klocke 2012, S.54). Auch die Befunde von Sielert und Timmermanns (2011) und Maier (2010) zeigen, dass Lehrkräfte bzw. Erwachsene nur selten Partei für Homosexuelle ergreifen, wenn diese Opfer von Witzen und herablassenden Bemerkungen werden (vgl. Sielert/Timmermanns 2011, S.32; Maier 2010, S.157; Timmermann 2003, S.57). Ohne im Einzelfall die Dimensionen ihres Verhaltens schon erfassen zu können (siehe hierzu 6.1.2), nehmen Schüler_innen in solchen Situationen wahr, mit welchen Themen sie selber Gelächter und Anerkennung ihrer Bezugspersonen und Peergroup ernten können, oftmals jedoch ohne dabei zu berücksichtigen, zu wessen Lasten dies erfolgt. Dies stellt einen eindeutigen Fall von subtiler Diskriminierung dar: Minderheiten werden zwar nicht immer mit der Intention, sie zu verletzen und auszugrenzen, vorgeführt, belacht oder ausgegrenzt, dennoch tritt eben dieser Effekt ein, wenn Betroffene nicht geoutet sind und dieses Verhalten miterleben. Überdies führt das neben dem empfundenen Angriff auf ihre Persönlichkeit dazu, dass ihre Ängste und Sorgen ob ihrer sexuellen Identität mit den potentiellen, bereits dargelegten psychischen und sozialen Folgen subjektiv verstärkt und bestätigt werden können (vgl. 5.2.1).

Auch Geschlechterrollen und -ideale können entscheidend von Lehrer/n_innen beeinflusst werden. So tragen vor allem beiläufige Kommentare wie „Sei doch kein Mädchen!" beispielsweise dazu bei, dass Jungen ab einem bestimmten Alter keine Schwächen zeigen dürfen, während es als überwiegend normal aufgefasst wird, wenn Mädchen zum Beispiel weinen. Hieraus folgt, dass gerade, was nicht explizit thematisiert wird, von Schüler/n_innen wahrgenommen und abgeguckt wird. Ein Lehrer, der beiläufig und neutral bei entsprechender Gelegenheit LSBTTI anspricht, indem zum Beispiel die sexuelle Identität von Schriftstellern, Komponisten oder Politikern oder LSBTTI aus dem persönlichen Umfeld der Lehrkraft (etwa ein transsexueller Nachbar, ein homosexueller Freund etc.) Erwähnung finden, werden Schüler_innen annehmen, dass dies nichts Außergewöhnliches ist und auch von ihnen ein entsprechender Umgangston erwartet, diskriminierendes Verhalten demnach nicht geduldet wird (vgl. Klocke 2012, S.17). Was „ok" ist und was nicht, lernen Heranwachsende demnach nur zum Teil durch lehrplangemäße Thematisierung. Entscheidender sind das Vorleben und die Verinnerlichung, also die gelebte Theorie, welche zu einem nachhaltigen Lernerfolg führen und explizite Einstellungen zu impliziten, verinnerlichten und automatisierten Einstellungen werden lassen[78]. Dementsprechend konstatiert Klocke: „Je mehr das soziale Umfeld erwartet, dass man vorurteilsfrei ist, desto mehr wird man motiviert sein, seine eigene Einstellung dementsprechend zu kontrollieren" (ebd., S.16). Nicht zuletzt profitieren Lehrkräfte persönlich von der Thematisierung von LSBTTI, da auch sie selber häufig unsicher in diesen Belangen sind und nur über lückenhaftes Wissen verfügen, welches faktisch stark von Stereotypen und Vorurteilen geprägt ist (vgl. Timmermanns 2003, S.9).

Erziehung soll die Heranwachsenden dabei unterstützen, „ihre Persönlichkeit so weiterzuentwickeln, dass sie in der Gesellschaft erfolgreich agieren können" (Schick 2012, S.45). Auf Seiten der Lehrkraft seien hierbei bestimmte Verhaltensformen besonders förderlich. Ein von Achtung, Wärme und Rücksichtnahme geprägtes Verhalten beinhalte Wertschätzung, Anteilnahme, Nachsicht, Freundlichkeit, Wohlwollen und Beistand. Dieses sollte begleitet sein von einfühlendem Verstehen, welches bedeutet, die Gefühls- und Erlebniswelt des anderen zu antizipieren, Rückmeldung zu geben und „die eigenen Handlungen und Maßnahmen dem persönlichen Erleben des Gegenübers angemessen [zu] gestalten" (ebd.). Eine nächste Verhaltensdimension bezieht sich auf die Person der Lehrkraft und fordert ihre Authentizität („Echtheit und Aufrichtigkeit"). Lehrer_innen sollen sich „so geben, wie man ist, sich ungekünstelt und natürlich verhalten, sich anderen offenbaren und mit seinem Ich zu erkennen geben, gefühlsmäßige Erlebnisse dem anderen gegenüber ausdrücken" (ebd.). In etwa entsprechen diese Verhaltensregeln auch Fends Erkenntnissen (vgl. Fend 2008, S.111f.; siehe hierzu 5.1.1). Diese Forderung klingt zunächst plausibel und erstrebenswert, denn Authentizität macht glaubwürdig und menschlich und wirkt aufrichtig.

Auch als Betroffene haben Lehrer_innen eine Vorbildfunktion inne, doch nunmehr nicht nur auf ein tolerantes, offenes Verhalten ihrer Schüler_innen, sondern insbesondere auf den selbstbewussten Umgang betroffener Schüler_innen bezogen. Sich nicht allein zu fühlen und zu sehen, dass auch Respektspersonen wie Lehrer_innen geoutete und sozial integrierte LSBTTI sind, kann die in Abschnitt 5.2.1 beschriebenen psychischen Belastungen für LSBTTI-Schüler_innen deutlich reduzieren (vgl. Timmermanns 2003, S.59). Eine Offenbarung im Lehrerkollegium kann außerdem zu einem bewussteren Umgang mit LSBTTI Themen füh-

78 Bei Peers als Bezugspersonen kann dagegen eher davon ausgegangen werden, dass lediglich ein Effekt auf die expliziten Einstellungen eintritt (vgl. Klocke 2012, S.16).

ren, so dass explizites sowie nicht-intentionales Verhalten innerhalb eines Kollegiums stärker reflektiert und wahrgenommen wird. Sprüche und Bemerkungen, welche zuvor möglicherweise einfach so „herausgerutscht" sind, werden nun wahrscheinlich nicht mehr unbewusst getätigt oder aber zumindest reflektiert, was insgesamt zu einem bewussterem Umgang mit LSBTTI führt. Des Weiteren ist der persönliche Kontakt zu LSBTTI von großer Bedeutung für eine tolerante, positive Einstellung der Schüler_innen. Dies trifft umso mehr zu, wenn die Lehrkraft eine Bezugsperson ist und eine Vorbildfunktion hat. Dabei wird hier der Zusammenhang von Aufklärung, Vorurteilen und befürchteter Diskriminierung und Intoleranz deutlich: auch für Lehrkräfte ist Authentizität und die Erfüllung ihrer Vorbildfunktion hinsichtlich eines selbstbewussten Umgangs mit ihrer Lebensweise nur zuzumuten, wenn dadurch ihre Privatsphäre und berufliche Integrität gewahrt bleiben kann, und sie nicht dadurch unter Umständen täglichen Anfeindungen, intimen, neugierigen Rückfragen oder dergleichen ausgesetzt sind. In Bezug auf Lehrer_innen liegt hier insofern ein zirkulärer Begründungszusammenhang vor.

6.3 Thematisierung von LSBTTI

Schmidt (2014) zufolge sei das Interesse der Befragten einer jüngeren BZgA-Studie an Fragen zu LSBTTI nicht besonders hoch. So würden nur 20% der Mädchen und 10% der Jungen gern mehr über Homosexualität wissen (vgl. S.252). Die Bedeutung dieses Themas für die Schüler_innen liegt allerdings nicht primär in der Vermittlung von Faktenwissen, sondern in der Vermittlung von sozialen Kompetenzen, Urteils- und, Reflexionsvermögen. Da schulisches Lernen immer auch auf Interaktion beruht und angewiesen ist, werden über den Lehrplan hinaus wichtige soziale Informationen über deskriptive Normen vermittelt. Zinnecker nennt dies den „heimlichen Lehrplan" und sieht hierin sogar den „‚eigentlichen' kulturellen Lernprozess in der Schule" (vgl. Zinnecker 2000, S.669; zit. nach: Noack-Napoles 2014, S.48). Dies birgt die Gefahr, dass auf diese Weise Theorie und Praxis auseinanderklaffen: Wenn Werte, die zwar thematisiert werden, sich aber nicht z.B. im Handeln der Lehrkräfte oder in Schulbüchern widerspiegeln oder der allgemeinen Schulkultur[79] entsprechen, bewirkt dies, dass

[79] Mit Schulkultur sind in diesem Rahmen das soziale Klima in der Schule und den Klassen sowie die Gestaltung der Schule als Lebensraum gemeint, z.B. durch Schulnormen, Klassenregeln, Aktionstage etc.

Theorie nur Theorie bleiben kann, weil sie nicht vorgelebt wird und darum auch von Schüler/n_innen nur schwer verinnerlicht werden. Eine rein faktenorientierte Thematisierung ist insofern nicht zielführend. Hinsichtlich der sexuellen Bildung bleibt die Institution Schule auf sexualpädagogischem Gebiet bis heute hinter dem zurück, was sie im Sinne einer Unterstützung der Schüler_innen bei ihrer Identitätssuche leisten sollte (vgl. hierzu 5.3 und 5.3.1).

Im Folgenden wird exemplarisch anhand des hessischen Lehrplans für das Fach Englisch an Gymnasien (G9) aufgezeigt, welche lehrplankonformen Möglichkeiten zur Implementierung von LSBTTI und damit einhergehend zur Thematisierung von Normalität, Stereotypen, Vorurteilen und Toleranz in allen Jahrgangsstufen der Sekundarstufe I auch in Fächern bestehen, welche nicht primär mit Sexualität und sexueller Bildung assoziiert werden. Wie eine hieran anschließende in Auszügen vorgestellte Analyse von Schulbüchern zeigt, erfolgt allerdings eine Thematisierung von LSBTTI nur rudimentär oder gar nicht. „Deutlich überwiegt die reine Benennung („Homosexualität“, „homosexuell“, „Homosexuelle“, „Schwuler“) gegenüber einer inhaltlichen Thematisierung, meist in Form eines Unterkapitels“ (vgl. Autonomes Lesben- und Schwulenreferat an der Universität zu Köln 2011, zit. nach: Bittner 2011, S.15). Ziel dieses Abschnittes ist aufzuzeigen, inwiefern sich aus Lehrplänen und Unterrichtsmaterial/Schulbüchern ein deutlich größeres Themenspektrum zur Sexualerziehung im Sinne des schulischen Aufklärungsauftrags ableiten lässt, als das, was tatsächlich realisiert wird. Wie aufgezeigt wird, ergeben sich hieraus folgenreiche und reziproke Implikationen für den in Kapitel 2 thematisierten Normalitätsbegriff sowie die hiermit in engem Zusammenhang stehenden Stereotype und Vorurteile (vgl. 4.2).

6.3.1 Thematisierung im Fremdsprachenunterricht Englisch[80]

Gemäß des Hessischen Lehrplans fordern die Aufgaben und Ziele des Unterrichtsfaches Englisch an Gymnasien zur Reflexion sowohl der Zielkultur als auch der eigenen Kultur auf. Durch kritische Auseinandersetzung mit z.B. sozialen Strukturen eines anderen Landes werden die eigenen Grundannahmen, Normen und Werte „aufs Spiel gesetzt und erweisen sich als gesellschaftlich und kulturell bedingt." (vgl. Hessischer Lehrplan Englisch 2010, S.2). Weiter heißt es: „Die Teilhabe an der zielkulturellen Realität und auch die Auseinandersetzung mit fiktionalen Lebensentwürfen dieser [sowie der eigenen] Kultur leisten einen Beitrag zur Persönlichkeitsentwicklung und Identitätsfindung der Schülerinnen und Schüler," nämlich dadurch, dass die gewohnte „Ordnung der Dinge" relativ ist, die Welt damit auch anders als gewohnt gestaltet sein kann und „wohlvertraute Wertvorstellungen nicht zwingend auch andernorts verbindlich sind" (ebd.). Explizit wird der Fremdsprachenunterricht als Vermittlungsinstanz für Werthaltungen wie Akzeptanz und Toleranz genannt und soll den Schüler_innen so auch die Fähigkeit zur Empathie ermöglichen (vgl. ebd.), „zu einer Horizonterweiterung führen und die Voraussetzung für ein friedliches Zusammenleben schaffen" (ebd.). Obwohl hier insbesondere das Kennenlernen anderer Landeskulturen und Traditionen im Kontext der kommunikativen Kompetenz des Fremdspracherwerbs im Vordergrund stehen („landeskundliches Lernen und interkulturelle Kompetenz"), eröffnet der Fremdsprachenunterricht vielfältige Möglichkeiten, auch LSBTTI-Themen zu implementieren.

In der Jahrgangsstufe 5 der Sekundarstufe I soll gemäß Lehrplan vor allem das persönliche Umfeld und die direkt erfahrbare Umwelt der Schüler_innen thematisiert werden, z.B. die Begegnung mit Anderen, Familie, Freunde, die Schule

80 Das Fach Englisch wird hier exemplarisch für alle Fremdsprachen aufgeführt. Analog lassen sich die in diesem Kapitel aufgeführten Aufgaben, Ziele und Inhalte auch auf andere Fremdsprachen sowie das Fach Deutsch beziehen bzw. im Lehrplan wiederfinden. Im Rahmen der vorliegenden Arbeit wird auf G9 Bezug genommen, die aufgeführten Inhalte lassen sich aber ebenfalls in G8 verwirklichen. Da Englisch in Hessen überwiegend als erste Fremdsprache unterrichtet wird (vgl. Lehrplan Englisch G9 2010, S.5), sind die nachfolgenden Ausführungen dementsprechend ausgerichtet an der ersten Fremdsprache.

(S.18). Dabei sind auch gemäß §6 Abs. 4 HSchG[81] die Erziehung zur Gleichberechtigung durch die Reflexion stereotyper Rollenzuweisungen und Strukturen des Zusammenlebens zu berücksichtigen (vgl. ebd., S.19). In der 6. Jahrgangsstufe sind hierüber hinaus Themen wie Freundschaften und Beziehungen zwischen Jugendlichen, z.B. gemeinsame Unternehmungen und Erfahrungen, Konfliktsituationen wie bullying sowie Strategien zur Vermeidung und Schlichtung von Streitigkeiten zu vermitteln (vgl. ebd., S.20). Dies dient insbesondere der Friedens- und Rechtserziehung im Sinne des §6 Abs. 4 HSchG (vgl. ebd., S.22). Die Auswahl der Inhalte der Jahrgangsstufe 7G „berücksichtigt den beginnenden Loslösungsprozess der Schülerinnen und Schüler von der Familie und den Versuch, wachsende Eigenständigkeit zu erproben und sich in das gesellschaftliche Umfeld einzubringen" (vgl. ebd., S.23). In diesem Zusammenhang sollen die Schüler_innen unter anderem lernen, in der Zielsprache soziale Kontakte herzustellen, Gefühle auszudrücken und auf entsprechende Gefühlsäußerungen zu reagieren sowie in Gesprächen und Diskussionen Zustimmung und Ablehnung und Ansätze einer persönlichen Stellungnahme auszudrücken (vgl. ebd.). Hieran anknüpfend fokussieren die im Lehrplan vorgegebenen Situationen und Themenbereiche der Jahrgangsstufe 8G unter anderem unter dem Stichwort „Young People's Problems" die wachsende Selbstständigkeit der Jugendlichen sowie ihre Orientierung an Anderen (vgl. ebd., S.25), während ein Themenbereich der 9. Jahrgangsstufe unter Berücksichtigung des §6 Abs. 4 HSchG im Rahmen der Friedens- und Rechtserziehung sowie der Erziehung zur Gleichberechtigung die Menschenrechte sowie „Equal Opportunity" und „Gender Issues" vorsieht (vgl. ebd. S.29f.).

In der Einführungsphase (E1 und E2) lautet ein Kursthema „Young People Exploring the World". Hier eignet sich insbesondere der thematische Kernbereich "Growing Up" für LSBTTI- Themen, welcher die Familie und die Peergroup fokussieren soll (vgl. 4.2.2 und 5.1). Dies beinhaltet unter anderem Partnerschaften, soziale Rollen, Versuchungen, z.B. durch Drogen sowie soziale Orientierung zum Beispiel durch Vorbilder oder Religion. Unter dem Begriff „Making a Difference" soll gesellschaftliches Engagement thematisiert werden (vgl. ebd., S.52). In diesem Kontext könnten zum Beispiel ehrenamtliche LSBTTI-Projekte wie

81 §6 Abs. 4 Hessisches Schulgesetz (HSchG) beschreibt die fächerübergreifenden besonderen Bildungs- und Erziehungsaufgaben der Schulen.

„Challenging Homophobia Together“[82] oder „The Anti-Homophobia / Transphobia Project“[83] untersucht werden.

In der Einführungsphase sollen die Schüler_innen in der Lage sein und zunehmend befähigt werden, Texte zu rezipieren und zu interpretieren. Hierzu sollen sie textübergreifende Bezüge durch Berücksichtigung lebensweltlicher Informationen (historisch, psychologisch etc.) sowie „Bezüge zwischen literarischen Texten und gesellschaftlichen Bedingungen und Problemen herstellen“ (ebd., S.53), biographische Hintergrundinformationen der Autorin bzw. des Autors einbeziehen und unterschiedliche Darstellungsweisen (z.B. epochen-, medien- oder textsortenspezifisch) eines Themas vergleichen, um das Wirkpotenzial von Texten bzw. der Wirkabsicht des Autors herauszuarbeiten. Diese Inhalte können abschließend durch eine persönliche Stellungnahme in Form von kreativem Schreiben abgerundet werden. Dem §6 Abs. 4 HSchG gemäß wird hiermit ein Beitrag zur Erziehung zur Gleichberechtigung, Sexualerziehung und Friedenserziehung geleistet (vgl. ebd., S.54).

In der Qualifikationsphase (Q1 bis Q4) differenziert der Lehrplan zwar zwischen Grund- und Leistungskurs, die inhaltlichen Vorgaben unterscheiden sich allerdings neben der vorgegebenen Stundenanzahl hauptsächlich darin, ob sie fakultativ oder verbindlich sind. Zudem ist das Leistungskursprofil stärker philologisch geprägt (vgl. ebd., S.49).

Q1 sieht unter anderem den Themenbereich „The Challenge of Individualism“ (Individuum und Gesellschaft) mit den Themen „Them and Us“ (GK fakultativ, LK verbindlich) und fakultativ „Gender Issues“ (Männer und Frauen) vor (vgl. ebd., S.55f.). Diese Themenbereiche berühren die in 4.2.2 und 5.1, 5.1.2 und 5.2 erörterten Faktoren, welche die Identitätsbildung der Schüler_innen entscheidend beeinflussen. Der Lehrplan betont in diesem Zusammenhang die Wichtigkeit einer „Auseinandersetzung mit Faktoren, die über das Individuum hinaus Gruppenzugehörigkeiten und Identitäten stiften und evtl. zugleich zu Ausgrenzungen und Feindschaften führen“ (vgl. ebd., S.57) und betrifft somit auch die Themen Normalität, Toleranz und Vorurteil. Im Zusammenhang mit dem Thema „Gender“ werden insbesondere bezüglich der Frage nach Gerechtigkeit die „Grenzen

82 LGBT Youth Scotland (2014).

83 Advocats For Youth. Rights. Respect. Responsibility. LGBTQ Health and Rights, Washington D.C. (2008).

des traditionellen Verständnisses vom Individuum (…) hier besonders sichtbar" (ebd.). Fakultative Unterrichtsinhalte sind unter anderem „discrimination", „affirmative action", „emancipation", „role modelling", „gender and identity" und „sexual orientation" (vgl. ebd., S.58). Auch hier werden gemäß §6 Abs. 4 HSchG die Erziehung zur Gleichberechtigung, die Gesundheits- und Sexualerziehung sowie die Friedens- und Rechtserziehung verwirklicht. In der Q2 Phase kann LSBTTI im Themenbereich „Tradition and Change" im Bereich „Extreme Situations": „Love and Happiness" (vgl. ebd., S.48; S.59) behandelt werden (Gesundheits- und Sexualerziehung im Sinne des §6 Abs. 4 HSchG; vgl. ebd., S.60). Auch die Phase Q3 sieht Emanzipation als Thema vor; darüber hinaus kann LSBTTI im Kontext von „Ideals and Reality" im Zusammenhang mit "(structural) violence, social/legal (in-)equality, slavery: past and present" (vgl. ebd., S.48; 61) behandelt werden. In der Q4 soll unter anderem die gesellschaftliche Erfahrung thematisiert werden. In diesem Zusammenhang ist der gesellschaftliche Wandel deutlich zu machen, was unter anderem die Rolle von Frauen in der Gesellschaft, Moralvorstellungen und Bräuche, alternative Lebensstile, Identitätssuche sowie Mythen, Vorstellungen und Tabus betrifft (vgl. ebd., S.48; 64).

Die oben dargelegten Themenbereiche sind in der Sekundarstufe II aufgrund des allgemein vorauszusetzenden Sprachniveaus auch über literarische Texte wie Sach- und Fachtexte, Dramen, Romane, Short Stories sowie Hör-/Hör-Seh-Texte wie politische Reden, Fernsehdebatten, Talkshows und Filme zu erschließen (vgl. ebd., S.50). Hierbei sind „gattungsspezifische Aspekte zu berücksichtigen und die jeweiligen Zusammenhänge des Werkes mit der Geschichte, der Kultur, der Gesellschaft u. a. zu erarbeiten" (vgl. ebd., S.51). Zu LSBTTI existieren viele literarische Werke oder Verfilmungen, bei denen biographische Daten der Autorinnen und Autoren wie z.B. Virginia Woolf und Oscar Wilde, Romancharaktere, z.B. „Miss Dalloway" und „Orlando" von Virginia Woolf oder „Tim: A Story of School Life" von Howard O. Sturgis (1891)[84] wie auch historische bzw. epochenspezifische Fakten zum Thema kontribuieren[85]. Aufgrund der gesell-

84 Dieser britische Roman thematisiert, basierend auf autobiografischen Erfahrungen des Autors im Elite-College Eton, die homosexuelle Liebe zwischen zwei Schülern in einer Public School.

85 So änderte sich das Frauenbild in der Viktorianischen Epoche vom „Angel in the House" (nach dem gleichnamigen Gedicht von Coventry Patmore, 1854) zur „Femme Fatale" bzw. der „New Woman" (einem 1894 durch Sarah Grand geprägten Begriff), Se-

schaftspolitischen Aktualität lassen sich aber auch zahlreiche aktuelle Hör-/Hör-Seh-Texte finden. So wird beispielsweise nach einem Urteil des Supreme Courts in den U.S.A. momentan das Recht auf Eheschließung gleichgeschlechtlich lebender Paare kontrovers diskutiert[86]. Auch zahlreiche Filme können die Thematisierung von LSBTTI-relevanten und im Lehrplan genannten Themen didaktisch unterstützen, so zum Beispiel „Billy Elliot“ (2000)[87] oder „Boys Don't Cry“ (1999)[88].

6.3.2 Schulbücher

Schulbücher sind fester Bestandteil täglicher Unterrichtspraxis. Sie sind sowohl für die fachspezifische Wissensvermittlung wie auch für die Abbildung der Lebenswelt der Schüler_innen von großer Bedeutung. Die hierin dargestellten Inhalte gelten als besonders relevant für das Leben in einer Gesellschaft (vgl. Bittner 2011, S.6). Wie dargelegt wurde, ist Schule als Ort der Sozialisation auch eine zentrale Instanz für die Bildung der Geschlechter (vgl. Kapitel 5). Doch Schulbücher sind nicht nur explizit von normativer Relevanz: Willems zufolge üben besonders Bilder einen großen und zumeist unbewussten normativen Einfluss auf uns aus. Dies belegt er mit Verweis auf Link besonders anschaulich anhand des Beispiels Werbung: Bilder bewirken demnach, dass Selbstbeobachtung, Selbstprüfung und Selbstkontrolle stets und permanent nach der Maßgabe vorgegebe-

---

xualität wurde enttabuisiert, sexuelle Normen übertreten; Verstoß gegen Genderrollen durch Aufkommen des Feminismus, Dandyismus prägen diese Epoche.

Auch in zahlreichen Werken Shakespeares lassen sich LSBTTI-Themen wiederfinden; insbesondere neuere Übersetzungen seiner Sonetten ermöglichen die Thematisierung von sexueller Identität in diesem Kontext (vgl. hierzu „Der schwule Shakespeare?“ WDR3, 19. Apr. 2014).

86 “The changing landscape of same-sex marriage” Washington Post, 12. Okt. 2014.

87 In „Billy Elliot“ geht es um einen tänzerisch hochbegabten irischen Jungen, der durch seine große Leidenschaft Tanzen nicht den gesellschaftlichen Idealen entspricht. Der Film thematisiert vorrangig Genderrollen, in diesem Zusammenhang aber auch Identität, Stereotype, Vorurteile und Homosexualität.

88 Der Oscar prämierte Film „Boys Don't Cry“ thematisiert primär Transsexualität, in diesem Zusammenhang aber auch Identität, Stereotype, Vorurteile, Homosexualität, sexuelle Gewalt und Genderrollen.

ner sozialer Normalitäts-Definitionen erfolge (Willems 2008, S.162). Analog auf die Schule bezogen entsprechen Bilder und implizite Inhalte von Schulbüchern demzufolge dem in Abschnitt 6.3 angesprochenen „heimlichen Lehrplan", indem sie Wissen nicht nur abbilden, sondern gleichermaßen produzieren. Auch Stereotype werden dabei durch typisierte Topoi etabliert (vgl. Höhne, 2006, S.308)[89]. Höhne zufolge vermögen Schulbücher strukturelle, durch einseitige Darstellung entstandene bzw. konstruierte Differenzen in den Unterricht hinein zu tragen, ohne diese didaktisch zu brechen oder zu reflektieren (vgl. ebd., S. 316f.). Lehrbücher „sind, so ließe sich zugespitzt formulieren, Konstruktionen und zugleich Konstrukteure sozialer Ordnungen und gesellschaftlichen Wissens" (vgl. Lässig 2010, S.203).

Bildung ist Heinrichs (1999) zufolge ein diskursiver Prozess welcher „einer heterosexuellen Matrix [unterliegt], die den Diskurs durchzieht" (S.233). In der Schule werde demnach von Heteronormativität und Bipolarität ausgegangen: „Bildung ist ein Ort, der die Dichotomie von männlichen und weiblichen Menschen als Voraussetzung setzt und versteht und als scheinbar natürliche stützt und erhält. Bildung ist ein prozessuales Geschehen, in dem Begehren gelernt und in Zuordnung zur Anatomie verstanden wird, in der Menschen als entweder nur männliche oder nur weibliche aufeinander bezogen werden" (ebd., S.233f.). Diese Auffassung wird in Bittners Studie bestätigt: Sie fand unter anderem heraus, dass in Biologiebüchern zum Thema Sexualkunde „Geschlechtsverkehr grundsätzlich ausschließlich als Penetration einer Vagina durch einen Penis erklärt wird" (S.80) und somit der Fortpflanzungsaspekt von Sexualität fokussiert werde (vgl. ebd., S.77; siehe auch 5.3.1). Bislang herrschen normalistische Inszenierungsmuster „typischer", stereotyper Frauen und Männer, Mädchen und Jungen sowie heterosexueller Familien vor (vgl. ebd., S.15f.; siehe auch 2.3), welche eine Fixierung und Stabilisierung der sozial konstruierten Normalitätszone mittels Idealfiguren darstellt und Rollen sowie Rollenerwartungen auf diese Weise konstruiert und determiniert (vgl. „Doing gender", Abschnitt 5.1.2; vgl. Schroeder 1999, S.150).

---

89 Höhne verglich in seiner Studie hessischer und bayerischer Schulbücher die bildliche Darstellung von Migrantenfamilien im Unterschied zu deutschen Familien. Dabei stellte er fest, dass die Darstellung ausländischer Familien in den untersuchten hessischen Schulbüchern positiver und freundlicher erfolgte, als in bayerischen Schulbüchern. Hier überwog ein Fokus auf Differenzen und eine Betonung von Gruppenzugehörigkeiten (vgl. Höhne 2006, S. 311f.).

Wenn selten oder gar keine „untypischen" geschlechtlichen Ausdrucks- oder Verhaltensweisen dargestellt werden, so Bittner, werde durch Stereotype implizit eine Norm konstruiert (vgl. Bittner 2011, S.12).

Intersexualität werde in den meisten Schulbüchern ausgespart (vgl. ebd., S.77f.) und nur von „den" zwei Geschlechtern und damit möglichen Geschlechtsidentitäten gesprochen, die dem äußeren Geschlecht entsprechen. Auch die Darstellung von sexueller Gewalt aufgrund sexueller oder geschlechtlicher Identität sieht Bittner als einseitig an (vgl. ebd., S.78). Insgesamt zeigt sich, dass immer noch viele Tabus vorherrschen und vielen problematischen Themen allenfalls eine einseitige Darstellung zukommt, die moralische Relevanz vieler sexualitätsbezogener Themen aber nicht angesprochen wird. Schroeder (1999) zufolge „erheben [Schule und Unterricht] jedoch auch den Anspruch, der unbewußten („heimlichen") Reproduktion der üblicherweise als traditionell bezeichneten sozialen Geschlechterordnung mit „bewußter Geschlechtererziehung entgegenzuwirken" (S.149). Insofern ist nicht nur entscheidend, dass LSBTTI-Themen direkt thematisiert werden. Auch an anderer Stelle sollten diese sozialen Normalitäts-Definitionen durch Bilder, die beispielsweise Regenbogenfamilien zeigen, sowie geschlechtsneutrale Formulierungen etc. ergänzt bzw. erweitert werden. Der den aktuellen Darstellungen zugrunde liegende Normalitätsbegriff entspricht damit einem angestrebten Ideal, nicht aber der gesellschaftlichen Realität (vgl. Menck 2010, S.31). Somit stellen Schulbücher mit einseitiger Darstellung heteronormativer Familienabbildungen eine Diskriminierung von Minderheiten dar. Dies betrifft dabei nicht nur LSBTTI bzw. Regenbogenfamilien[90], sondern gleichwohl auch Patchwork-Familien oder Familien mit alleinerziehenden Eltern u.a.[91]

Schulbücher können dazu beitragen, Freund-Feind-Bilder bzw. Bilder von normal/unnormal zu etablieren. Sie können aber durch eine kritische Reflexion oder

---

90 In Deutschland gibt es ca. 32.000 eingetragene Lebenspartnerschaften und 73.000 gleichgeschlechtliche Lebensgemeinschaften (vgl. Statistisches Bundesamt 2013, S.52).

91 Allerdings sind Regenbogenfamilien hiervon besonders betroffen, während zu beobachten ist, dass andere Familienkonstellationen mittlerweile Einzug in Schulbücher gefunden haben (vgl. Bittner 2011, S.79). Ein Beispiel hierzu findet sich im Ethik Schulbuch „Weiterdenken": Das hier dargestellte Schaubild lässt dabei noch Platz für weitere Familienkonstellationen, könnte also im Unterricht um Regenbogenfamilien oder LSBTTI ergänzt werden (vgl. „Weiterdenken". Ethik/Praktische Philosophie. Bd. A. Braunschweig: Schroedel 2009. S.18. Schaubild „Lebensformen").

durch Ergänzungen dazu beisteuern, diese zu überwinden und zu einer Lösung für bestehende Konflikte führen. Aus diesen Gründen ist der Biologieunterricht nicht notwendig der einzige Ort für die Thematisierung von LSBTTI. Wie im vorangegangenen Abschnitt gezeigt wurde, lässt sich insbesondere die Erörterung und kritische Reflexion ethischer Fragestellungen im Rahmen einer nicht auf Sexualität reduzierten sexuellen Bildung fächerübergreifend und im Sinne einer emanzipatorischen Sexualerziehung (Timmermanns 2008, S.267) implementieren.

Ein zumindest auf die Thematisierung gleichgeschlechtlicher Liebe bezogenes positives Beispiel hierzu liefert das Schulbuch „Leben leben“ (2014) für das Fach Ethik in Hessen[92]. Hier wird Homosexualität im Kontext von „Die Suche nach der zweiten Hälfte“ erklärt und der gesellschaftliche Umgang und bestehende Vorbehalte thematisiert[93]. Darüber hinaus sind die Schüler_innen aufgefordert, Empathie und damit soziale Kompetenz durch einen Perspektivwechsel zu entwickeln (Aufgabe 3: „Stelle die Gründe dafür zusammen, dass ein „Coming-out“ Mut erfordert,“ S.78) und werden zu einer Re-Kategorisierung und Reflexion der eigenen Stereotype und Vorurteile durch eine Herausstellung von Gemeinsamkeiten und Unterschieden zwischen homo- und heterosexueller Liebe angeregt (Aufgabe 4: „Was haben eine homosexuelle Liebe und eine heterosexuelle Liebe gemeinsam, was unterscheidet sie? Ergänze deine Liste“ ebd.). Diese Übungen entsprechen den in Abschnitt 4.3 vorgestellten Methoden, Vorurteile zu überwinden und wirken sich fördernd auf die intrinsisch motivierte Toleranz aus. Im Sinne einer emanzipatorischen Sexualerziehung werden die Schüler_innen dazu angeleitet, konsensuelle Werte wie das Recht auf sexuelle Selbstbestimmung und eine freie Entfaltung der Persönlichkeit zu finden. Auch hier sind allerdings In-

---

92 Da sich das Fach Ethik insbesondere mit moralischen Fragen, Werten und Normen befasst, wurde hier exemplarisch das Ethikbuch „Leben leben“ ausgesucht, welches 2014 erschienen und somit sehr aktuell ist. Es spricht Schüler_innen in der 7. und 8. Jahrgangsstufe an, die größtenteils in der Pubertät sind und darum besonders vom Thema sexuelle Identität und Orientierung tangiert werden (vgl. 5.2.1 und 5.2.2).

93 Das Buch bietet außerdem noch einen Link an, der auf die Seite der Bundeszentrale für politische Bildung und dem hier erschienen Dossier „Homosexualität“ sowie auf das Kölner Jugendzentrum anyway e.V. verweist, welches sich an schwule, lesbische und bisexuelle Jugendliche sowie Erwachsene, Eltern und Lehrer richtet und sowohl Unterstützung beim Coming-out als auch Informationen anbietet.

tersexualität, Transsexualität und Transgender nicht inbegriffen, durch die Methoden der Perspektivübernahme und Re-Kategorisierung lässt sich aber auch dieser Themenbereich erschließen. Das Kapitel „1+1=Liebe" lässt sich darüber hinaus mit dem ersten Kapitel des Schulbuches „Wer bin ich?" verknüpfen. Hier sollen Eigenwahrnehmung und Fremdwahrnehmung reflektiert werden. In diesem Kontext werden Rollenerwartungen sowie die Bedeutung Authentizität für die Identität thematisiert und eine kritische Reflexion angeregt (vgl. ebd., S.15ff).

7 Resümee – Toleranz in der Bildung. Bildung der Toleranz

> Der menschliche Geist wird von dem, was die Seele mit einem Male und plötzlich erschüttert und durchdringt, am meisten bewegt, und seine Phantasie pflegt sich damit zu erfüllen und zu erhitzen; alles andere soll sich in nicht zu begreifender Weise ebenso verhalten wie das Wenige, was die Seele besetzt hält. Der Geist beschafft dazu Voraussetzungen und Erfindungen; aber zu jenen entfernteren und ungleichartigen Fällen, welche den Lehrsätzen erst die Feuerprobe geben, vermag er nicht überzugehen, wenn nicht ein harter Zwang und ein gewaltiges Gebot ihn dazu nöthigen. (Bacon NO, S.98 [47])

Das obige Zitat kann sowohl auf den Begriff der Normalität, als auch auf den Begriff des Vorurteils bezogen werden. Beide sind, wie in dieser Arbeit aufgezeigt wurde, zwar dehn- bzw. veränderbar, doch liegt es in der psychologisch und soziologisch begründeten Natur dieser Phänomene, dass Veränderungen oft erst durch „nötigende, gewaltige Gebote" (s.o.) angestoßen werden können. So scheint auch das Vorhaben, sexuelle Vielfalt in die Bildungspläne zu integrieren, einen harten Zwang im oben zitierten Sinne für viele Gegner darzustellen, welches ihnen ein höheres Maß an Toleranz abzufordern scheint, als sie einzuräumen bereit sind.

Höffe zufolge basiert Diskriminierung auf Dogmatismus und Intoleranz und erfolgt aufgrund von Unwissenheit, Desinteresse und Voreingenommenheit gegenüber als fremd und anders wahrgenommen Personen oder Gruppen (vgl. Höffe 2008, S.52). Hierdurch werden nicht nur Grundrechte missachtet, sondern darüber hinaus „die sittlichen Grundforderungen der Humanität und Toleranz wegen rassischer, sprachlicher, kultureller, ethnischer, religiöser, politischer, sozialer oder geschlechtlicher Verschiedenheit verletzt" (vgl. ebd., S.51). Wie dargelegt wurde, wird die gesellschaftliche Praxis signifikant von sozialpsychologischen Prozessen beeinflusst, welche sich zum Teil bewusst, überwiegend aber unbewusst vollziehen und teilweise anderen Normen als den formal vorgegebenen unterliegen. Für das Verständnis dieser Diskrepanz und eine nachhaltige, positive Veränderung hin zu der Erfüllung des gesellschaftlichen Ideals von Toleranz als Tugend (vgl. UNESCO 1995) ist es darum von großer Wichtigkeit, die herrschenden gesellschaftlichen Normen zu verstehen sowie ihre soziologischen und psychologischen Funktionen, ihre Implikationen und Wirkungen auf die gesellschaftliche Praxis aufzuzeigen und reflektieren zu können. Wie dargelegt wurde, stellt die sexuelle Identität einen wichtigen Teil der personalen Identität dar, welche weit mehr Bereiche beeinflusst als nur eine entsprechende Sexualpraktik.

Das Themengebiet „LSBTTI" im Zusammenhang mit sexueller Vielfalt geht dabei weit über den Bereich des Sexuellen hinaus, was eine fächerübergreifende Thematisierung nicht nur rechtfertigt, sondern notwendig macht und darüber hinaus geeigneter als eine Beschränkung auf Sexualkunde scheint, um die Akzeptanz für LSBTTI zu steigern. Was sexuelle Orientierung und Identität betrifft, existiert ein realer Schleier des Nichtwissens, der, anders als bei Rawls' Gerechtigkeitstheorie, kein „künstliche[s] Neutra" (Hastedt 2012, S.56) ist, sondern tatsächlich erst gelüftet wird, wenn die Kinder beginnen, ihre Identität und auch ihre Sexualität zu entwickeln und zu entdecken (vgl. 5.2). Niemand kann bis dahin wissen, ob nicht vielleicht das eigene Kind, die Enkelin, der Bruder oder die Schwester etc. homo-, bi-, trans- oder intersexuell oder transgender wird[94]. Homo- und transphobe Diskriminierung ist dabei allerdings keineswegs auf die tatsächliche sexuelle Identität beschränkt, sondern betrifft auch Personen, denen eine bestimmte sexuelle Identität unterstellt wird[95]. Auch heterosexuelle Kinder mit LSBTTI- Eltern sind hiervon betroffen[96].

Sexuelle Vielfalt in den Unterricht einzubeziehen soll nicht zu einem indifferenten Nebeneinander, zu Nihilismus oder Gleichgültigkeit führen, sondern dazu beitragen, dass die eigenen, vorherrschenden Überzeugungen nicht absolut ge-

94 Über 5% der Neunt- und Zehntklässler_innen berichteten in einer Umfrage an Berliner Schulen, sich sexuell sehr durch das gleiche Geschlecht angezogen zu fühlen. 26% der Mädchen und 12% der Jungen berichteten, sich mindestens „wenig" durch das gleiche Geschlecht angezogen zu fühlen (vgl. Klocke 2012, S.24).

95 Zum Beispiel, wenn Personen als „Homos" oder dergleichen beschimpft werden, obwohl sie heterosexuell sind. (vgl. Klocke 2012, S.48).

96 So berichten 46% von Diskriminierungen vor allem durch Gleichaltrige in Form von herabsetzenden Handlungen oder Äußerungen, Beschimpfungen, Androhung oder Ausübung körperlicher Gewalt, Beschädigung von Eigentum oder Erpressung. Diese finde überwiegend im schulischen Umfeld, teils schon im Kindergarten statt. Den diesen Ergebnissen zugrunde liegenden Umfragen zufolge ereignete sich ein Viertel davon im Beisein von Erwachsenen, welche jedoch nach Angaben der Kinder nur selten unterstützend eingriffen (vgl. Maier 2010, S.157).

setzt werden, sondern Vielfalt im Sinne Rortys als eigener, bereichernder Wert angesehen wird (vgl. Hastedt 2012, S.65, 69). Damit es aber überhaupt zu einer Auseinandersetzung kommen kann, in der Unterschiede reflektiert und negative Vorurteile abgebaut werden können, muss es ein Maß an Toleranz geben, welches über eine Duldung hinausgeht und einen friedlichen, unvoreingenommenen Dialog zulässt und andere Positionen nicht zusammen mit dem Gegenüber kategorisch ablehnt und abwertet. Dies soll dazu anleiten, Differenz nicht zu pathologisieren, sondern als legitim und achtenswert anzuerkennen. „Normalität" wird in diesem Sinne zu einem wertneutralen Begriff, welcher die statistische gesellschaftliche Verteilung beschreibt. Höffe konstatiert, dass sittliche Normen zur Sanktion und Disziplinierung gegen gesellschaftliche Gruppen auch in demokratischen, an Menschen- und Grundrechten ausgerichteten Staaten missbraucht werden und somit Raum schaffen für latente Diskriminierung (vgl. ebd.). Auf Initiative eines Realschullehrers postulierten Gegner der Bildungsplanreform in ihrer Online Petition, dass aus der gleichen Würde jedes Menschen noch nicht folge, „dass jedes Verhalten als gleich gut und sinnvoll anzusehen ist." (vgl. ZVL, Punkt 2 und 3). Formulierungen wie „gleich erstrebenswert" und die Rede von „gesellschaftlich gewollter Sexualität" (vgl. ebd.) geraten vor diesem Normalitätsverständnis allerdings selber in den Verdacht, indoktrinativ zu sein und Normalität zu instrumentalisieren. „Normalität" dieser Auffassung zufolge bezeichnet ein Ideal im Sinne von Vollkommenheit und ist gleichfalls an bestimmte Funktionen, im Kontext sexueller Identitäten an die Funktion der Reproduktion (vgl. 5.3.1) geknüpft. Toleranz im Sinne einer Duldung dient so immer noch als Mittel der Marginalisierung und Unterordnung. Differenz wird in diesem Sinne nur geduldet, solange sie so wenig wie möglich sichtbar ist, privat ausgelebt wird und keine Ansprüche stellt. Im Kontext der sexuellen Vielfalt ähnelt der Toleranzbegriff einer in Abschnitt 3.1.1 geschilderten, antiquierten Auslegung.

Die Angst, durch eine Thematisierung von LSBTTI Jugendliche überhaupt erst auf die Idee zu bringen, homo-, bi-, trans-, intersexuell oder transgender zu sein, ist unbegründet. Wie die Geschichte zeigt, verhindert ein intendierter Mangel an Bildung und Aufklärung keineswegs das Aufkommen von LSBTTI, was nahe legt, dass sexuelle Identität und Orientierung nicht anerzogen werden kann. Obwohl Homosexualität auch heutzutage noch in vielen Ländern der Welt sogar mit der Todesstrafe oder langjährigen Gefängnisstrafen geahndet wird[97] und in diesen Kulturen sicherlich kein LSBTTI- förderndes Klima herrscht, entwickeln auch dort Menschen LSBTTI-Identitäten und gleichgeschlechtliche Neigungen. Bildung wirkt darum nicht LSBTTI begünstigend. LSBTTI ist aus diesem Grund kein gesellschaftliches Phänomen, welches durch Tabuisierung zum Schutze der Jugend eingedämmt werden kann, es ist auch kein Symptom westlicher Dekadenz oder Sinnbild des Werteverfalls. Aus diesem Grund liegt es im Interesse der Gesellschaft, dass Heranwachsende geschützt werden, und zwar nicht vor der Konfrontation mit LSBTTI, sondern vor Angst, Ausgrenzung, Mobbing, Diskriminierung und daraus resultierenden, teilweise schwerwiegenden psychischen Folgen (siehe 5.2.1).

Menschen sind sich psychologischen Studien zufolge häufig nicht der tatsächlichen Gründe für ihr Verhalten und ihre Wahrnehmung bewusst. Wie in Kapitel 4 gezeigt wurde, erscheint es einfacher, plausible, Stereotype bestätigende und damit letzten Endes auch selbstwertdienliche Begründungen zu suchen, als verbreitete Stereotype zu überdenken. Sexuelle Bildung, insbesondere aber die Thematisierung von LSBTTI im Unterricht mit dem Ziel eines offenen, angstfreien, unbefangenen Umgangs mit sexueller Vielfalt in der Schule sieht den Menschen als Zweck und hat nicht die Bewertung irgendeiner Lebensform zum Ziel. Jugendliche sollten darum dazu angeleitet werden, die vorherrschenden gesellschaftlichen Werte, Stereotype und Vorurteile sowie ihr eigenes Handeln zu reflektieren (vgl. Valtl 2008, S.15f.). In dieser Hinsicht kann der Vorwurf, LSBTTI im Schulunterricht sei unter anderem suggestiv und manipulativ und würde Homosexualität beschönigen, nicht Bestand haben. Eine kritische Reflexion der herrschenden Rollenbilder, von Gender, Heteronormativität und Geschlechtern beschönigt nicht, sie soll auch nicht vorschreiben, was zu denken oder zu fühlen ist. Sie soll so jenseits von „gut“ und „böse“ und „richtig“ und „falsch“ die Grundlage sein für ein eigenes, reflektiertes Urteil, welches nicht auf Vorurteilen beruht. Schüler_innen lernen damit zu erkennen, dass die Gesellschaft ihre Meinungen und Werturteile zwar prägt, sie selber aber als Teil der Gesellschaft maßgeblichen Anteil daran haben, welche Werte es sind, die innerhalb einer Gesellschaft vertreten werden. Ebenso wird Solidarität Rechnung getragen durch das Bewusstsein, dass es benachteiligte Bevölkerungsgruppen gibt, mit denen man sich verbunden zei-

[97] Z.B. in Kamerun, im Iran, Jemen, Mauretanien u.a. Vgl. hierzu Amnesty International 2013.

gen sollte. Auf diese Weise werden Schüler_innen zu aktiven, reflektierten und mündigen Mitgliedern, die ihr eigenes, kritisches Urteil zu fällen bereit und fähig sind und sich trauen, zu sich selbst zu stehen. Toleranz kann in diesem Zusammenhang nicht als Duldung verstanden werden, sondern muss, um ein friedliches Miteinander, ein angstfreies und unbeschwertes Aufwachsen und die Persönlichkeitsentwicklung förderndes Klima sowie Chancengleichheit für Heranwachsende zu ermöglichen (vgl. Bittner 2013, S.9), die Würde und Integrität des Menschen als Grundlage anerkennen, welche jeden Menschen als einzigartig wertschätzt und anerkennt. Praktiziert eine Institution jedoch selbst Vorurteile, etwa durch einseitige Darstellungen (vgl. 6.3.2) oder indem nicht-heterosexuelle Orientierungen tabuisiert werden und nicht offensiv gegen Diskriminierung aufgrund sexueller Identität bzw. Orientierung vorgegangen wird, ist eine Änderung der vorurteilsbehafteten Einstellungen der Schüler_innen nicht zu erwarten.

> So bleibt mir nur die einfache Weise der Belehrung, indem ich die Menschen zu dem Einzelnen, dessen Folge und Ordnung führe, und nur verlange, dass man einstweilen sich von seinen Begriffen befreie, und versuche, mit den Dingen selbst vertraut zu werden. (Bacon NO, S.92f. [36])

8 Literatur- und Quellenverzeichnis

"Advocats For Youth. Rights. Respect. Responsibility". LGBTQ Health and Rights, Washington D.C., 2008. URL: http://www.advocatesforyouth.org/about-us/programs-and-initiatives/341-anti-homophobia-transphobia-project (Zugriff am 13. Okt. 2014).

"Schools Project. Challenging Homophobia Together". LGBT Youth Scotland, 2014. URL: https://www.lgbtyouth.org.uk/pro-schools-project (Zugriff am 13. Okt. 2014).

"The changing landscape of same-sex marriage" Washington Post, 12. Okt. 2014. URL: http://www.washingtonpost.com/wp-srv/special/politics/same-sex-marriage/ (Zugriff am 13. Okt. 2014).

„Der schwule Shakespeare?" WDR3, 19. Apr. 2014. URL: http://www.wdr3.de/literatur/shakespeare150.html (Zugriff am 13. Okt. 2014).

„Édit de Nantes." Henri IV. Das Edikt von Nantes (1598). Virtuelles Museum des Protestantismus. URL: http://www.museeprotestant.org/wp-content/uploads/2014/02/edit-de-Nantes.pdf (Download am 05. Sept. 2014).

„Elektroschocks für Schwule – Mann verklagt Klinik". In: *Die Welt* vom 31. Jul. 2014. URL: http://www.welt.de/vermischtes/weltgeschehen/article130759384/Elektroschocks-fuer-Schwule-Mann-verklagt-Klinik.html (Zugriff am 20. Okt. 2014).

„Frustrationstoleranz". In: Duden. Bibliographisches Institut GmbH, 2013. URL: http://www.duden.de/rechtschreibung/Vorurteil (Zugriff am 18. Sept. 2014).

„Geis: Homo-Ehe kann niemals mit Ehe gleichgestellt werden". Norbert Geis (MdB) im Gespräch mit Tobias Armbrüster. Interviewbeitrag vom 08. August im Deutschlandradio. URL: http://www.deutschlandfunk.de/geis-homo-ehe-kann-niemals-mit-ehe-gleichgestellt-werden.694.de.html?dram:article_id=216783 (Zugriff am 15. Okt. 2014).

„Gleichgeschlechtliche Lebensgemeinschaften und Familien." Familien in Baden-Württemberg, Report 02/2013. Hrsg. von Ministerium für Arbeit und Sozialordnung, Familie, Frauen und Senioren. Stuttgart, 2014.
URL: http://www.statistik.baden-wuerttemberg.de/BevoelkGebiet/Fafo/Familien_in_BW/R20132.pdf (Download am 21. Juli 2014).

„Stereotyp". In: Duden. Bibliographisches Institut GmbH, 2013. URL: http://www.duden.de/rechtschreibung/Stereotyp (Zugriff am 17. Sept. 2014).

„Toleranz". In: Brockhaus Bilder-Conversations-Lexikon, Bd. 4. Leipzig 1841. S.447-448. URL: http://www.zeno.org/Brockhaus-1837/A/Toleranz (Zugriff am 04. Sept. 2014).

„Vorurteil". In: Duden. Bibliographisches Institut GmbH, 2013.
URL: http://www.duden.de/rechtschreibung/Vorurteil (Zugriff am 18. Sept. 2014).

„Zukunft - Verantwortung - Lernen: Kein Bildungsplan 2015 unter der Ideologie des Regenbogens" [ZVL]. Online Petition von Gabriel Stängele vom 28. Nov. 2013. openPetition.de.
URL: https://www.openpetition.de/petition/online/zukunft-verantwortung-lernen-kein-bildungsplan-2015-unter-der-ideologie-des-regenbogens (Zugriff am 19. Okt. 2014).

Abels, Heinz; Fuchs-Heinritz, Werner; Jäger, Wieland; Schimank, Uwe (Hrsg.): Einführung in die Soziologie. Bd. 2: Die Individuen in ihrer Gesellschaft. 4. Aufl. Hagener Studientexte zur Soziologie. Wiesbaden, 2009.

Allport, Gordon W.: The Nature of Prejudice. Cambridge, Mass, 1954.

Amnesty International: Liebe als Verbrechen. Die Situation von LGBTI in Kamerun. Berlin, 2013. URL: http://www.amnesty.de/files/Amnesty_Kamerun_Situation_von_LGBTI_Nov2013.pdf (Download am 20. Okt. 2014).

Antidiskriminierungsstelle des Bundes (Hrsg.): Diskriminierung im Bildungsbereich und im Arbeitsleben. Berlin, 2013. URL: http://www.antidiskriminierungsstelle.de/SharedDocs/Downloads/DE/publikationen/BT_Bericht/Gemeinsamer_Bericht_zweiter_2013.pdf;jsessionid=EBFE2BAB5C688DC5FFB069AC55C3ED35.2_cid340?__blob=publicationFile (Download am 01. Sept. 2014).

Bacon, Francis: Novum Organon. Franz Baco's Neues Organon [NO]. Philosophische Bibliothek, Bd. 19. Übersetzt von J. H. von Kirchmann. Leipzig, 1870.

Becker, Werner: Anerkennung und Toleranz: Über die politischen Tugenden der Demokratie [AuT]. Erlangen, 1996.

Becker, Werner: Nachdenken über Toleranz. Über einen vernachlässigten Grundwert unserer verfassungsmoralischen Orientierung [NüT]. In: Simone Dietz u.a. (Hrsg.): Sich im Denken orientieren. Frankfurt a.M, 1996. S.119-139.

Bittner, Melanie: Geschlechterkonstruktionen und die Darstellung von Lesben, Schwulen, Bisexuellen, Trans* und Inter* (LSBTI) in Schulbüchern. Eine gleichstellungsorientierte Analyse mit einer Materialsammlung für die Unterrichtspraxis. Gewerkschaft Erziehung und Wissenschaft (Hrsg.). Frankfurt, 2011. URL: http://www.gew.de/Binaries/Binary88533/120423_Schulbuchanalyse_web.pdf (Download am 22. Sept. 2014).

Bittner, Melanie: Geschlecht und sexuelle Vielfalt. Praxishilfen für den Umgang mit Schulbüchern. Gewerkschaft für Erziehung und Wissenschaft (Hrsg.). Frankfurt a.M., 2013.

Bosehm, Guido: „Union verweigert volle Gleichstellung der Homo-Ehe". Süddeutsche Zeitung vom 4. Juni 2014. URL: http://www.sueddeutsche.de/politik/diskriminierung-union-verweigert-volle-gleichstellung-der-homo-ehe-1.1984725 (Zugriff am 11. Sept. 2014).

Brodbeck, Felix C.: „Gruppe". In: Lexikon der Psychologie. Heidelberg, 2000. URL: http://www.spektrum.de/lexikon/psychologie/gruppe/6113 (Zugriff am 17. Sept. 2014).

Brown, Wendy: Reflexionen über Toleranz im Zeitalter der Identität. In: Forst, Rainer (Hrsg.): Toleranz. Philosophische Grundlagen und gesellschaftliche Praxis einer umstrittenen Tugend. Frankfurt, New York, 2000.

Buba, Hans Peter; Vaskovics, Laszlo A. (Hrsg.): Benachteiligung gleichgeschlechtlich orientierter Personen und Paare. Studie im Auftrag des Bundesministeriums der Justiz. In: Rechtstatsachenforschung. Bundesanzeiger, Beilage. Jg. 53, Nr.4a. Köln, 2001.

Bundesgerichtshof: „Bundesgerichtshof zur Altersversorgung eingetragener Lebenspartner nach der Satzung der Versorgungsanstalt des Bundes und der Länder“. BGH, Mitteilung der Pressestelle Nr. 23/2007. Karlsruhe, 2007. URL: http://juris.bundesgerichtshof.de/cgi-bin/rechtsprechung/document.py?Gericht=bgh&Art=pm&Datum=2007&Sort=3&nr=38859&pos=4&anz=27 (Zugriff am 25. Okt.2014).

Bundesverfassungsgericht: BVerfG, 1 BvF 1/01 vom 17.7.2002, Absatz-Nr. 3. URL: http://www.bverfg.de/entscheidungen/ls20020717_1bvf000101.html (Zugriff am 25. Okt.2014).

Bundeszentrale für gesundheitliche Aufklärung [BZgA] (Hrsg.): Jugendsexualität. Repräsentative Wiederholungsbefragung von 14- bis 17-Jährigen und ihren Eltern – Aktueller Schwerpunkt Migration. Köln, 2010.

Bündnis 90/ DIE GRÜNEN: „Forderungen für die Umsetzung von zentralen Themen der Fraktion Bündnis 90/DIE GRÜNEN in der Bildungsplanreform 2015“ vom 17. Mai 2013 im Landtag von Baden-Württemberg. S.5.

Deci, Edward L.; Ryan, Edward M.: Die Selbstbestimmungstheorie der Motivation und ihre Bedeutung für die Pädagogik. In: Zeitschrift für Pädagogik, 39. Jg. 2/1993, S.223-238. URL: http://www.selfdeterminationtheory.org/SDT/documents/1993_DeciRyan_DieSelbstbestimmungstheoriederMotivation-German.pdf (Download am 10. Okt. 2014).

Deker, Christian: „Wie mich zwei Ärzte von meinem Schwulsein heilen wollten. Mit Psychotherapie und Gebeten gegen Homosexualität: Was selbsternannte Schwulenheiler bei deutschen Krankenkassen abrechnen.“ *Die Zeit* Nr. 20/2014, 9. Mai 2014. URL: http://www.zeit.de/2014/20/homosexualitaet-heilung-evangelikale-christen (Zugriff am 03. Okt. 2014).

Dorschel, Andreas: Nachdenken über Vorurteile. Hamburg, 2001.

Durkheim, Émile: Die Regeln der soziologischen Methode. In einer Übersetzung herausgegeben und eingeleitet von René König. Neuwied, 1961.

Familien Forschung Baden-Württemberg: Erste Ergebnisse der Onlinebefragung zur Lebenssituation von lesbischen, schwulen, bisexuellen, transsexuellen, transgender, intersexuellen und queeren Menschen in Baden-Württemberg.

Hrsg. von Ministerium für Arbeit und Sozialordnung, Familie, Frauen und Senioren. Stuttgart, 24.06.2014. URL: http://www.sm.baden-wuerttemberg.de/fm7/1442/Onlinebefragung_CSD_Stuttgart_ 20140616_lang.pdf (Download am 12. Aug. 2014).

Faulstich-Wieland, Hannelore: Schule und Geschlecht. In: Helsper, Werner; Böhme, Jeanette: Handbuch der Schulforschung. 2. Aufl. Wiesbaden, 2008. S.673-696.

Fend, Helmut: Der Umgang mit Schule in der Adoleszenz. Aufbau und Verlust von Lernmotivation, Selbstachtung und Empathie. Entwicklungspsychologie der Adoleszenz in der Moderne. Bd. IV. Bern u.a., 1997.

Fend, Helmut: Entwicklungspsychologie des Jugendalters: Ein Lehrbuch für pädagogische und psychologische Berufe. Opladen, 2000.

Fend, Helmut: Entwicklungspsychologie des Jugendalters. Opladen, 2003.

Fend, Helmut: Identitätsentwicklung in der Adoleszenz. Lebensentwürfe, Selbstfindung und Weltaneignung in beruflichen, familiären und politisch-weltanschaulichen Bereichen. Entwicklungspsychologie der Adoleszenz in der Moderne. Bd. II. Bern u.a., 1991.

Fend, Helmut: Schule gestalten. Systemsteuerung, Schulentwicklung und Unterrichtsqualität. Wiesbaden, 2008.

Forst, Rainer: „Dulden heißt beleidigen". Toleranz, Anerkennung und Emanzipation. 2011. URL: http://www.wzb.eu/sites/default/files/veranstaltungen/forst-paper.pdf (Download am 03. September 2014).

Forst, Rainer: Toleranz im Konflikt. Geschichte, Gehalt und Gegenwart eines umstrittenen Begriffs. 3. Aufl. Frankfurt am Main, 2012.

Goethe, Johann Wolfgang von: Maximen und Reflexionen. In: Schriften zur Kunst, Schriften zur Literatur, Maximen und Reflexionen. Bd. 12. Hrsg. von Erich Trunz. 9., neubearb. Aufl. München, 1981. S.385.

Hastedt, Heiner: Toleranz. Stuttgart, 2012.

Heinrichs, Gesa: Identität und Geschlecht: Bildung als diskursive Praxis der Geschlechterformierung. In: Behm, Britta L.; Heinrichs, Gesa; Tiedemann, Holger (Hrsg.): Das Geschlecht der Bildung. Bildung der Geschlechter. Opladen, 1999. S. 219-237.

Hessisches Kultusministerium (Hrsg.): Lehrplan Englisch 2010. Gymnasialer Bildungsgang. Jahrgangsstufen 5G bis 9G und gymnasiale Oberstufe. Wiesbaden, 2010.

Hessisches Schulgesetz. Fassung vom 14. Juni 2005 (GVBl. I S. 441), zuletzt geändert durch Gesetz vom 22. Mai 2014 (GVBl. S. 134). Hessisches Kultusministerium. Wiesbaden, 2014. URL: https://kultusministerium.hessen.de/sites/default/files/media/hkm/hessisches_schulgesetz_mit_inhaltsverzeichnis_stand_20140522.pdf (Download am 12. Okt. 2014).

Hobbes, Thomas: De Cive [DC]. The Clarendon Edition of the Philosophical Works of Thomas Hobbes. Volume III. English Version. Ed. by Howard Warrender. New York, 1987.

Höffe, Otfried: Lexikon der Ethik. 7. Aufl. München, 2008.

Höhne, Thomas: Familienform und kulturelle Differenz im Schulbuch. Über die Konstruktion deutscher und ausländischer Familien in hessischen und bayerischen Schulbüchern. In: Matthes, Eva; Heinze, Carsten: Die Familie im Schulbuch. Beiträge zur historischen und systematischen Schulbuchforschung. Bad Heilbrunn, 2006. S.295-318.

Hölscher, Barbara: Sozialisation, Sozialisationskontexte, schichtspezifische Sozialisation. In: Willems, Herbert (Hrsg.): Lehr(er)buch Soziologie. Für die pädagogischen und soziologischen Studiengänge. Bd. II. Wiesbaden, 2008. S.747-772.

Hormel, Ulrike; Scherr, Albert: Einleitung: Diskriminierung als gesellschaftliches Phänomen. In: Hormel, Ulrike; Scherr, Albert (Hrsg.): Diskriminierung. Grundlagen und Forschungsergebnisse. Wiesbaden, 2010. S.7-20.

Jennessen, Sven; Kastirke, Nicole; Kotthaus, Jochem: Diskriminierung im vorschulischen und schulischen Bereich. Eine sozial- und erziehungswissenschaftliche Bestandsaufnahme. Expertise im Auftrag der Antidiskriminierungsstelle des Bundes. Berlin: 2013. URL: http://www.antidiskriminierungsstelle.de/SharedDocs/Downloads/DE/publikationen/Expertise_Diskriminierung_im_vorschulischen_und_ schulischen_Bereich.pdf?__blob=publicationFile (Download am 10. Sept. 2014).

Jonas, Klaus; Stroebe, Wolfgang; Hewstone,Miles (Hrsg.): Sozialpsychologie. 6. Aufl. Berlin, Heidelberg, 2014.

Jones, James M.; Dovidio, John F.; Vietze, Deborah L.: The Psychology of Diversity. Beyond Prejudice and Racism. Hoboken/New Jersey, 2014.

Kant, Immanuel: Anthropologie in pragmatischer Hinsicht [ApH]. In: Kants Werke. Akademie-Textausgabe [AA] Bd. VII. Berlin, 1968. S.117-334.

Kant, Immanuel: Beantwortung der Frage: Was ist Aufklärung? [BFA] In: Aufsätze zur Geschichte und Philosophie. Hrsg. von Jürgen Zehbe. Göttingen, 1967. S.55-61.

Kant, Immanuel: Kritik der reinen Vernunft [KrV]. Kants Werke. Akademie-Textausgabe [AA] Bd. III. 2. Aufl. 1787. Berlin, 1968.

Kant, Immanuel: Kritik der Urteilskraft [KdU]. Hrsg. v. Karl Vorländer. Mit einer Bibliogr. von Heiner Klemme. 7. Aufl. Hamburg, 1990.

Kant, Immanuel: Logik. In: Kant's gesammelte Schriften. Hrsg. v.d. Königlich Preußischen Akademie der Wissenschaften. Bd. XVI, Abt. 3. Handschriftlicher Nachlaß. Bd. 3. Berlin und Leipzig, 1924.

Kant, Immanuel: Über ein vermeintes Recht aus Menschenliebe zu lügen. In: Kants Werke. Akademie-Textausgabe [AA] Bd. VIII. Abhandlungen nach 1781. Berlin, 1968. S.423-430.

Kelsen, Hans: Was ist Gerechtigkeit? Nachdruck der Erstausgabe 1953. Stuttgart, 2000.

Kerner, Ina: Varianten des Sexismus. In: Sexismus. Aus Politik und Zeitgeschichte. 64. Jahrg. 8/2014. Hrsg. von Bundeszentrale für politische Bildung. 17. Februar 2014.

Keupp, Heiner: Diskursarena Identität: Lernprozesse in der Identitätsforschung. In: Heiner Keupp, Renate Höfer (Hrsg.): Identitätsarbeit heute. Klassische und aktuelle Perspektiven der Identitätsforschung. Frankfurt a. M., 1997. S.11-39.

Klocke, Ulrich: Akzeptanz sexueller Vielfalt an Berliner Schulen. Eine Befragung zu Verhalten, Einstellungen und Wissen zu LSBT und deren Einflussvariablen. Senatsverwaltung für Bildung, Jugend und Wissenschaft (Hrsg.). Berlin, 2012.

Kluge, Norbert: Der Mensch – Ein Sexualwesen von Anfang an. In: Schmidt, Renate-Berenike; Sielert, Uwe (Hrsg.): Handbuch Sexualpädagogik und sexuelle Bildung. Weinheim, 2008. S.69-77.

König Johannes; Wagner Christine; Valtin, Renate: Identitätsbildung im Zusammenhang von Ich-Stärke und Leistungsvertrauen. In: Hagedorn, Jörg (Hrsg.): Jugend, Schule und Identität: Selbstwerdung und Identitätskonstruktion im Kontext. Wiesbaden, 2014. S.607-628.

Krause, Joachim: Mein Zahlen-Wimmelbuch mit dem kleinen Piraten. Bindlach, 2011.

Lässig, Simone: Wer definiert relevantes Wissen? Schulbücher und ihr gesellschaftlicher Kontext. In: Fuchs, Eckhardt; Kahlert, Joachim; Sandfuchs, Uwe (Hrsg.): Schulbuch konkret. Kontexte - Produktion - Unterricht. Bad Heilbrunn, 2010. S.199-215.

Lautmann, Rüdiger: Gesellschaftliche Normen der Sexualität. In: Schmidt, Renate-Berenike; Sielert, Uwe (Hrsg.): Handbuch Sexualpädagogik und sexuelle Bildung. Weinheim, 2008. S.209-223.

Leiber, Lila L.: Mein Zahlen Wimmelbuch mit der kleinen Prinzessin. 2. Aufl. Bindlach, 2011.

Lichtenberg, Georg Christoph: Aphorismen. In: Höffe, Otfried (Hrsg.): Lesebuch zur Ethik. Philosophische Texte von der Antike bis zur Gegenwart. 4. Aufl. München, 2007. S.233-234.

Locke, John: Zwei Abhandlungen über die Regierung. Hrsg. u. eingel. von Walter Euchner. Frankfurt a.M., 1977.

Luhmann, Niklas: Das Recht der Gesellschaft. Frankfurt a.M., 1993.

Maier, Maja S.: Bekennen, Bezeichnen, Normalisieren: Paradoxien sexualitätsbezogener Diskriminierungsforschung. In: Hormel, Ulrike; Scherr, Albert (Hrsg.): Diskriminierung. Grundlagen und Forschungsergebnisse. Wiesbaden, 2010. S.151-172.

Mankarios, Alexandra: „Homosexualität – Bitte keine Klischees“. wissen.de vom 14. Jan. 2014. URL: http://www.wissen.de/bitte-keine-klischees (Zugriff am 20. Sept. 2014).

Menck, Peter: Bilder – Bildung – Weltbild. In: Heinze, Cartsten; Matthes, Eva (Hrsg.): Das Bild im Schulbuch. Beiträge zur historischen und systematischen Schulbuchforschung. Bad Heilbrunn, 2010. S.17-31.

Meyer, Ilan H.: Prejudice, Social Stress, and Mental Health in Lesbian, Gay, and Bisexual Populations: Conceptual Issues and Research Evidence. Psychological Bulletin, 129 (5). New York, 2003. S.674-697. URL: http://www.ncbi.nlm.nih.gov/pmc/articles/PMC2072932/pdf/nihms32623.pdf (Download am 30. Sept. 2014).

Mill, John Stuart: On Liberty [OL]. People's Edition. London [u.a.], 1871.

Ministerium für Kultus, Jugend und Sport Baden-Württemberg (Hrsg.): Bildungsplanreform 2015 - Verankerung von Leitprinzipien. Stuttgart, 18. Nov. 2013. URL: http://www.kultusportal-bw.de/site/pbs-bw/get/documents/KULTUS.Dachmandant/KULTUS/kultusportal-bw/Bildungsplanreform/Arbeitspapier_Leitprinzipien.pdf (Zugriff am 19. Okt. 2014).

Nelson, Todd D.: The Psychology of Prejudice. 2. ed. Boston [u.a.], 2006.

Neumann, Manuel (Hrsg.): Schule unterm Regenbogen. HeteroHomoBiTrans-Lebensweisen im Unterricht an den Schulen im Land Brandenburg. Zentrum für Lehrerbildung an der Universität Potsdam. Potsdam, 2008. URL: http://www.andersartig.info/files/handreichung-lehrer_innen.pdf (Download am 02. Sept. 2014).

Noack-Napoles, Juliane: Schule als Ort des Aufwachsens, der Entwicklung und der Identität. In: Hagedorn, Jörg (Hrsg.): Jugend, Schule und Identität: Selbstwerdung und Identitätskonstruktion im Kontext. Wiesbaden, 2014. S.47-62.

Nolan, Jessica M.; Schultz, P. Wesley; Cialdini Robert B.; Goldstein, Noah J.; Griskevicius, Vladas: Normative Social Influence is Underdetected. In: Personality and Social Psychology Bulletin 2008, No. 34. Society for Personality and Social Psychology, Inc. Minnessota, 2008. S. 913-923. URL: http://psp.sagepub.com/content/34/7/913.full.pdf+html (Download am 30. Sept. 2014).

Nolte, Helmut: Der Beitrag der Sozialpsychologie zum Makro-Mikro-Makro-Modell. In: Greve, Jens; Schnabel, Annette; Schützeichel, Rainer (Hrsg.): Das Mikro-Makro-Modell der soziologischen Erklärung: Zur Ontologie,

Methodologie und Metatheorie eines Forschungsprogramms. Wiesbaden, 2008. S.311-356.

Nussbaum, Martha: Toleranz, Mitleid und Gnade. In: Forst, Rainer (Hrsg.): Toleranz. Philosophische Grundlagen und gesellschaftliche Praxis einer umstrittenen Tugend. Frankfurt und New York, 2000. S.144-161.

Osel, Johann: „'Schwuchtel' geht flott über die Lippen" in Süddeutsche.de vom 04. März 2013.
URL: http://www.sueddeutsche.de/bildung/homophobie-in-der-schule-schwuchtel-geht-flott-ueber-die-lippen-1.1614779
(Zugriff am 07. Okt. 2014).

Platon: Euthyphron. In: Platon. Sämtliche Werke. Bd. 1. Übers. v. Friedrich Schleiermacher. Hrsg. von Ursula Wolf. 31. Aufl. Hamburg, 2009. S.249-270.

Plöderl, Martin: Sexuelle Orientierung, Suizidalität und psychische Gesundheit. Weinheim [u.a.], 2005.

Popp, Ulrike: Schule als interaktiver Sozialraum. In: Hagedorn, Jörg (Hrsg.): Jugend, Schule und Identität: Selbstwerdung und Identitätskonstruktion im Kontext. Wiesbaden, 2014. S.109-124.

Popper, Karl R.: Die offene Gesellschaft und ihre Feinde. 1. Der Zauber Platons. 2. Aufl. Bern [u.a.], 1970.

Quarz, Dorothea: Homo-Hass in der Schule. "Alles total verweichlichte Tunten hier". Spiegel online vom 12. Mai 2009. URL: http://www.spiegel.de/schulspiegel/leben/homo-hass-in-der-schule-alles-total-verweichlichte-tunten-hier-a-614381.html (Zugriff am 20. Aug. 2014).

Rawls, John: Eine Theorie der Gerechtigkeit. Frankfurt a.M., 2006.

Rolf, Thomas: Normalität: Ein philosophischer Grundbegriff des 20. Jahrhunderts. München, 1999.

Rösch, Anita (Hrsg.): Leben leben 2. Ethik. 7.-8. Klasse. Hessen. Stuttgart und Leipzig, 2014.

Schick, Hella: Entwicklungspsychologie der Kindheit und Jugend. Ein Lehrbuch für die Lehrerausbildung und schulische Praxis. Stuttgart, 2012.

Schmidt, Renate-Berenike: Schule als Ort sexueller Sozialisation. In: Hagedorn, Jörg (Hrsg.): Jugend, Schule und Identität. Selbstwerdung und Identitätskonstruktion im Kontext Schule. Wiesbaden, 2014. S.249-264.

Schmidt, Renate-Berenike; Schetsche, Michael: Intime Kommunikation in der Schule. In: Schmidt, Renate-Berenike; Sielert, Uwe (Hrsg.): Handbuch Sexualpädagogik und sexuelle Bildung. Weinheim, 2008. S.565-574.

Schmidt, Robert; Thews, Gerhard: Physiologie des Menschen. 27. Aufl. Berlin [u.a.], 1997.

Schneider, Rolf: Klassenklima, Schulklima, Schulkultur - wichtige Elemente einer gesundheitsfördernden Schule. In: Gesundheitsförderung durch Schulentwicklung. und Schulentwicklung durch Gesundheitsförderung. Eine Handreichung für die Lehrerinnen und Lehrer für Informationen zur Suchtprävention in Baden-Württemberg. Informationsdienst zur Suchtprävention Nr. 18. Stuttgart, 2005. S.27-40.

Schroeder, Joachim: Die Schule kennt nur zwei Geschlechter. Zum Umgang mit Minderheiten im Bildungssystem. In: Behm, Britta L.; Heinrichs, Gesa; Tiedemann, Holger (Hrsg.): Das Geschlecht der Bildung. Bildung der Geschlechter. Opladen, 1999. S.149-167.

Schubarth, Wilfried; Speck, Karsten: Einstellungen, Wohlbefinden, abweichendes Verhalten von Schülerinnen und Schülern. In: Helsper, Werner; Böhme, Jeanette (Hrsg.): Handbuch der Schulforschung. Wiesbaden, 2008. S.965-984.

Siegert, Manuel: Schulische Bildung von Migranten in Deutschland. Working Paper 13. Integrationsreport Teil 1. Bundesamt für Migration und Flüchtlinge (Hrsg.) Nürnberg, 2008.

Sinus Institut: Forschungsprojekt Diskriminierung im Alltag. Wahrnehmung von Diskriminierung und Antidiskriminierungspolitik in unserer Gesellschaft. Antidiskriminierungsstelle des Bundes (Hrsg.). Schriftenreihe, Bd. 4. Baden-Baden, 2008. URL: http://www.antidiskriminierungsstelle.de/SharedDocs/Downloads/DE/publikationen/forschungsprojekt_diskriminierung_im_alltag.pdf?__blob=publicationFile (Download am 11. Sept. 2014).

Sistermann, Rolf (Hrsg.): Weiterdenken. Ethik/Praktische Philosophie. Bd. A. Braunschweig, 2009.

Six-Materna, Iris; Six, Bernd: Stereotype. Essay. In: Lexikon der Psychologie. Heidelberg, 2000. URL: http://www.spektrum.de/lexikon/psychologie/stereotype/14836 (Zugriff am 17. Sept. 2014).

Statistisches Bundesamt (Hrsg.): Bevölkerung, Familien, Lebensformen. In: Statistisches Jahrbuch 2013. Deutschland und Internationales. Wiesbaden, 2013. URL: https://www.destatis.de/DE/Publikationen/StatistischesJahrbuch/Bevoelkerung.pdf?__blob=publicationFile (Download am 23. Okt. 2014).

Thomas, Alexander: Grundriß der Sozialpsychologie. Teil 2: Individuum, Gruppe, Gesellschaft. Göttingen [u.a.], 1992.

Timmermanns, Stefan: Keine Angst, die beißen nicht! Evaluation schwullesbischer Aufklärungsprojekte in Schulen. Aachen, 2003.

Timmermanns, Stefan: Sexuelle Orientierung. In: Schmidt, Renate-Berenike; Sielert, Uwe (Hrsg.): Handbuch Sexualpädagogik und sexuelle Bildung. Weinheim, 2008. S.261-270.

Valtl, Karlheinz: Sexuelle Bildung: Neues Paradigma einer Sexualpädagogik für alle Lebensalter. In: Schmidt, Renate-Berenike; Sielert, Uwe (Hrsg.): Handbuch Sexualpädagogik und sexuelle Bildung. Weinheim, 2008. S.125-140.

Voltaire, Francois Marie Aronet: Toleranz. In: Höffe, Otfried (Hrsg.): Lesebuch zur Ethik. Philosophische Texte von der Antike bis zur Gegenwart. 4. Aufl. München, 2007. S.217-218.

Willems, Herbert: Diskurse. In: Willems, Herbert (Hrsg.): Lehr(er)buch Soziologie. Für die pädagogischen und soziologischen Studiengänge. Bd. I. Wiesbaden, 2008. S.147-164.

Zinnecker, Jürgen: Schul- und Freizeitkultur der Schüler. In: Helsper, Werner; Böhme, Jeanette (Hrsg.): Handbuch der Schulforschung. Wiesbaden, 2008. S.531-554.

Zeitfracht Medien GmbH
Ferdinand-Jühlke-Straße 7
99095 Erfurt, Deutschland
produktsicherheit@kolibri360.de